Gertraud Heidinger

Bienenschätze
Honig, Pollen, Propolis & Co.
Rezepte, Anleitungen & Tipps
für Pflegendes, Heilendes, Kulinarisches
und Kreatives

Gertraud Heidinger

BIENENSCHÄTZE

Honig, Pollen, Propolis & Co.

Rezepte, Anleitungen & Tipps

für Pflegendes, Heilendes, Kulinarisches und Kreatives

BAYERLAND

Bibliografische Information der Deutschen Nationalbibliothek

Die Deutsche Nationalbibliothek verzeichnet diese Publikation in der Deutschen Nationalbibliografie; detaillierte bibliografische Daten sind im Internet über http://dnb.dnb.de abrufbar.
ISBN 978-3-89251-546-3

MIX
Papier aus verantwortungsvollen Quellen
FSC® C014138

Für uns, die Battenberg Gietl Verlag GmbH mit all ihren Imprint-Verlagen, ist Nachhaltigkeit ein wichtiger Teil unserer Unternehmensphilosophie. Daher achten wir bei allen unseren Produkten auf den Einsatz umweltschonender Ressourcen und Materialien.
Dieses Buch wurde auf FSC®-zertifiziertem Papier gedruckt. FSC (Forest Stewardship Council®) ist eine nicht staatliche, gemeinnützige Organisation, die sich für die verantwortungsvolle und ökologische Nutzung der Wälder unserer Erde einsetzt.

Unsere Partnerdruckerei kann zudem für den gesamten Herstellungsprozess nachfolgende Zertifikate vorweisen:
- Zertifizierung für FOGRA PSO
- Zertifizierungssystem FSC®
- Leitlinien zur klimaneutralen Produktion (Carbon Footprint)
- Zertifizierung EcoVadis (die Methodik besteht aus 21 Kriterien in den Bereichen Umwelt, Einhaltung menschlicher Rechte und Ethik)
- Zertifikat zum Energieverbrauch aus 100 % erneuerbaren Quellen
- Teilnahme am Projekt „Grünes Unternehmen" zum Schutz von Naturressourcen und der menschlichen Gesundheit

Bilder: Gertraud & Andreas Heidinger
Illustration: stock.adobe.com: paradorn
Lektorat: Ulrike Andres

1. Auflage 2024
ISBN 978-3-89251-546-3

www.battenberg-gietl.de
Layout & Satz: Margit Schmidt

Wir
schützen das, was
wir kennen. Deshalb
lohnt sich ein Besuch
beim Imker oder einer
Imkerei vor Ort.

Die Beziehung von Mensch & Biene

EINFÜHRUNG

Die Geschichte der Menschen und Bienen und ihre Beziehung sind schon sehr lange eng miteinander verbunden. Bereits in den großen alten Kulturkreisen achteten und bewunderten die Menschen die Biene. Sie verwendeten die Schätze aus dem Bienenstock bereits vor einigen Tausend Jahren unter anderem bei Rheuma, Magenbeschwerden, Augenleiden, Darmerkrankungen, Wunden, Arthrose oder Leberleiden. Ebenfalls setzten sie die Bienenprodukte in ihrer Ernährung ein. Der Wabenhonig war zur damaligen Zeit wahrscheinlich die häufigste Art des Honiggenusses für die Bevölkerung. Dies bedeutet, dass die Menschen Honig, Bienenbrot, Propolis und Bienenwachs zugleich mit dem Essen aufgenommen haben. Besser geht es nicht!

Lassen Sie sich von den Vorzügen aller Bienenprodukte in der Ernährung und für die Gesundheit faszinieren!

Heute wird bei uns in der Imkerei vorwiegend der geschleuderte Honig vermarktet, der vorher von allen anderen Bestandteilen getrennt wird. Aber alle Produkte haben eigene Vorteile, wie sich später in diesem Buch noch zeigen wird.

Die Biene reagiert sensibel auf die Wechselwirkungen in der Natur; Veränderungen und Einflüsse zeigt sie sehr schnell an. So könnten wir heute durchaus darüber diskutieren, ob es zu viele Bienenvölker gibt. Aber vielleicht ist es vielmehr umgekehrt so, dass wir das Nektar- und Pollenangebot für die vorhandenen Bienen verringert haben.

Viele Lebensmittel, die wir essen, sind hinsichtlich ihres landwirtschaftlichen Anbaus nicht als Bienenweide geeignet. Zum Beispiel haben wir große Weizen- und Zuckerrübenfelder, weil wir viele Getreideprodukte und Zucker in unserem täglichen Essen verwenden. Diese ausgedehnten Feldflächen sind für die Bienen nichts anderes als große Hungerwüsten. Wir haben jedoch viele Möglichkeiten, diese großen Felder mit anderen Pflanzen für unsere Lebensmittel anzupflanzen, die uns auf gesunde Art sättigen und zusätzlich als Bienenweide geeignet sind. Das Schöne daran ist, dass jeder Einzelne mitmachen kann, egal ob in einer kleinen Wohnung in der Stadt oder in einem Häuschen auf dem Land: Jede und jeder entscheidet jeden Tag aufs Neue, ob sie oder er mit dem Einkauf im Supermarkt, im Naturkostladen oder auf dem Bauernmarkt indirekt für eine blühende Landschaft sorgt.

Die Zusammenhänge zwischen unseren täglichen Lebensmitteln und der Biene gilt es zu verstehen und umzusetzen. Fangen wir gleich heute damit an! In diesem Buch finden Sie Anregungen, um die ersten Weichen zu stellen.

Mit einem bewussten Einkauf helfen wir den Bienen und uns selbst.

Die Schätze, die uns gesunde Bienenvölker schenken, bereichern zusätzlich unseren Speiseplan und können vielseitig für unsere Gesundheit eingesetzt werden. Auch hier dürfen wir den Bienen vertrauen und die Produkte der Bienen nutzen, wie es bereits unsere Vorfahren ausgiebig und mit Erfolg getan haben. Weltweit gibt es mittlerweile viele Studien, die die Wirkung der einzelnen Bienenprodukte bestätigen. Die Natur liefert vieles, was unseren Körper unterstützt und heilt – wir müssen es nur für uns nutzen.

Fangen wir bei uns selbst an. Es macht Spaß, für die Bienen etwas zu schaffen – und dabei können wir alle nur gewinnen.

Wenn wir verstehen, wie die Zusammenhänge zwischen der Biene und dem Menschen funktionieren, können wir jeden Tag aufs Neue einen Beitrag leisten, um wieder eine bienenfreundliche Welt zu schaffen. Denn wir schützen und bewahren besonders das, was wir kennen.

Als erfahrene Ernährungsberaterin und Kräuterpädagogin ist mir die Verbindung zwischen Mensch und Biene sehr wichtig. Mit diesem Buch möchte ich Möglichkeiten aufzeigen für ein bewusstes Essen und Leben für uns im Einklang mit der Biene. Die Harmonie von Körper, Geist und Seele gilt es zu nähren und mit allen Sinnen einzutauchen.

Haben Sie viel Freude beim Lesen und Ausprobieren der Rezepte!

Der Bienenschwarm beim Einzug in eine Beute (Bienenhaus für ein Bienenvolk) macht deutlich, wie jedes Einzelwesen „Biene" in der Gemeinschaft funktioniert. Nur weil jede Biene weiß, was zu tun ist, funktioniert der Einzug in die Bienenbeute.

Die Biene: Einzelwesen & Gemeinschaft

Biene beim Nektarsammeln am Lavendel

Wissensdurst

Haben Sie Bienen tatsächlich schon einmal von ganz nah betrachtet, oder haben Sie Angst, gestochen zu werden? Wie unterscheidet sich die Biene von der Wespe, mit der sie gerne verwechselt wird? Wie ist ihr Körper aufgebaut und wie sind die Haare verteilt? Wo tragen sie ihre Pollen nach Hause? Wie orientieren sie sich, und kennen wir tatsächlich die Musik der Bienen, wenn sie die Tonlage im Bienenstock verändern, so zum Beispiel, wenn sie im Frühsommer schwärmen und ein Teil der Bienen das Volk verlässt, um ein neues Bienenvolk zu bilden? Warum funktioniert so eine Bienengemeinschaft überhaupt so gut koordiniert mit so vielen Bienen?

DIE HONIGMACHERIN

Bei der Biene, von der wir hier sprechen, handelt es sich um die Honigbiene, die vom Imker gehalten wird. Man bezeichnet sie auch als Honigmacherin, was ebenfalls passend ist, weil sie den wertvollen Honig aus dem Nektar der Blüten erst eigens herstellt und nicht, wie früher angenommen, den fertigen Honig von der Blüte zum Bienenstock transportiert.

DAS BIENENVOLK ALS GEMEINSCHAFT

Eine Bienengemeinschaft besteht im Sommer aus 40000–60000 einzelnen Individuen, die sich wunderbar ergänzen und gegenseitig unterstützen. Trotz der großen Anzahl an Mitgliedern in der Wohngemeinschaft läuft alles reibungslos ab. Jeder der einzelnen Mitbewohner hat seine Aufgabe. Jede Biene weiß von Anfang an, was zu tun ist und was die anderen übernehmen. Die Bienen können auch nur gemeinsam überleben. Jedes Wesen, ob Arbeiterin (weibliche Biene), Königin oder Drohne (männliche Biene) kann ohne die anderen nicht überleben. Vielleicht ist auch gerade deshalb dieser Zusammenhalt so groß. Jedes Bienenvolk bewohnt einen eigenen Bienenstock und wenn sich im Frühjahr das Bienenvolk teilt, nimmt die Königin immer einen Teil der Arbeiterinnen und einen Teil der Drohnen mit. Sie beginnt mit der

Ein Bienenvolk beim Imker in einer Beute – Bienenbehausung

Legetätigkeit und baut in einer neuen Bienenbeute wieder einen stattlichen Bienenstaat auf.
Der andere Teil der Bienen, die im Bienenstock zurückbleiben, kümmert sich um die neue Königin, die geschlüpft ist.

Das Bienenvolk ist als ein komplexer Organismus zu sehen. Nur wenn alles miteinander verbunden ist und zusammenspielt, kann das Bienenvolk überleben. Ich vergleiche es gerne mit unserem Körper. Auch dieser funktioniert nur, wenn alle Organe miteinander kommunizieren und funktionieren. Sobald ein Organ oder Körperteil ausfällt oder die Kommunikation im Körper nicht mehr passt, haben wir ein Problem: Wir werden krank.

Bienenvölker vermehren sich immer im Frühling bzw. Frühsommer, wenn genügend Futter für alle da ist, weil ganz viele Pflanzen blühen.

Die einzelnen Bienenwesen erfüllen je nach Jahreszeit ihre eigenen Aufgaben und greifen so ineinander über; sie können auch nur dann überleben, wenn alle „Organe" im Bienenstock funktionieren. Wenn z. B. die Königin im Herbst ausfällt, wird das Volk sterben, weil niemand mehr da ist, der Eier legen kann, und somit werden keine neuen Bienen mehr nachkommen.

Die Königin mit ihrem Bienenstaat, der sie versorgt

DIE KÖNIGIN

Die Königin ist die Mutter aller Bienen im Bienenstock; sie wird auch als „Weisel" bezeichnet. Die Königin ist die einzige Biene im gesamten Volk, die Eier legen kann, und sie ist im Vergleich zu den anderen Bienen im Bienenstock um einiges länger. Auch lebt die Königin einige Jahre lang – im Gegensatz zu den anderen Bienen, die nur 35–45 Tage alt werden. Zusätzlich steuert und organisiert sie mit einem besonderen Duftstoff das gesamte Stockleben. Sie legt an einem Tag 1500 bis über 2000 Eier, die sie jeweils einzeln in die dafür vorbereiteten Bienenwaben legt.
Für die männlichen Bienen werden etwas größere Wabenzellen vorbereitet als für die weiblichen Bienen.

Die Königin ist die einzige Biene, die von Anfang an und während ihrer gesamten Lebenszeit mit Gelée Royale gefüttert wird.

Im Gegensatz zu den Arbeiterinnen werden weitere Königinnen nur im Frühjahr herangezogen, damit sich das Volk vermehren kann. Das Ei für eine neue Königin bekommt eine größere Wabenzelle und die Larve wird ausschließlich mit Gelée Royale gefüttert. Dieses Futter bekommt die Königinnenlarve über die gesamte Dauer ihrer Entwicklung. Nur durch dieses andere Futter entwickelt sich aus dieser Larve eine Königin. (Königinnenfutter auf S. 65 erklärt)

Arbeiterinnen auf der Wabe

DIE ARBEITERIN

Die Arbeiterin ist die weibliche Biene in der Gemeinschaft; sie selbst kann keine Eier legen, sondern ist für die vielen Arbeiten im Bienenstock und außerhalb zuständig. Dabei ist es faszinierend, wie die Natur es eingerichtet hat, dass die Arbeiterin im Laufe ihres Lebens alle erforderlichen Arbeiten zu einer bestimmten Zeit verrichtet. Sie beginnt mit der Säuberung der eigenen Zelle nach dem Schlüpfen und säubert auch noch die umliegenden Zellen und kleidet sie wieder mit Propolis aus, damit für die nächste Eiablage alles wieder sauber und steril ist. In der Zeit vom 3. bis zum 5. Tag bereitet sie die Pollennahrung zum Füttern der älteren Larven vor. Bei den Jungbienen beginnen ab dem 6. Tag die Futterdrüsen an zu arbeiten und sie produzieren Gelée Royale. Mit diesem exklusiven Futtersaft werden die Larven der Arbeiterinnen in den ersten 3 Tagen gefüttert. Danach wechselt die Fütterung und sie erhalten Pollen.

Es ist immer wieder faszinierend, wie sich nur durch die Art der Ernährung ein anderes Wesen entwickeln kann.

Ab dem 12. bis zum 17. Tag beginnen die Wachsdrüsen zu funktionieren, die Bienen fangen mit dem Wabenbau an und verdeckeln die Brut. Auch den Honig tragen sie im Stock um. Ab dem 19. Tag ist die

Links:
Biene im Anflug auf eine Mohnblüte

Rechts:
Biene beim Sammeln von Pollen und Nektar

Giftdrüse ausgebildet, die Biene beginnt mit der Fluglochwache und unternimmt die ersten Erkundungsflüge um den Bienenstock herum. Die Futtersaft- und die Wachsdrüsen bilden sich zurück und ab dem 21. Tag beginnt für die Biene ihre Tätigkeit als Sammlerin. Sie fliegt aus und sammelt Pollen, Propolis, Wasser und natürlich Nektar.

Mit ca. 35–45 Tagen stirbt die Arbeiterin – es sei denn, sie ist eine Winterbiene und hat dann eine Lebenserwartung von ungefähr 6 Monaten. Mit dieser längeren Lebensdauer sichert sie den Bestand des Volkes über den Winter hinweg. Sie geht dann auch nicht mehr sammeln und das Bienenvolk versorgt sich aus den prall gefüllten Honig- und Pollenlagern. Im Winter besteht die Aufgabe des Bienenvolks darin, die Königin zu versorgen und Wärme im Bienenstock zu erzeugen, damit die Königin mit ihrem Volk den kalten Winter überleben kann.

DIE DROHNE

Das Leben einer Drohne beginnt als unbefruchtetes Ei. Dieses legt die Königin in eine größere Wabenzelle, da auch die Drohne etwas größer ist als die Arbeiterin. Die Drohnen kommen nur im Frühjahr von Ende März bis ca. Mitte Juli im Bienenvolk vor. Sie schlüpfen nach 24 Tagen und werden von den Arbeiterinnen gefüttert. Sie bereiten sich in den ersten Tagen vor, die Jungkönigin zu befruchten. Drohnen sind jedoch nicht nur für die Begattung notwendig, sondern sie sind auch für den Wärmehaushalt und die Harmonie im Stock zuständig und unterstützen damit das Bienenvolk, wenn es erforderlich ist.

Anders als die Arbeiterin ist die Drohne ein Vagabund und wechselt auch gerne die Bienenvölker. Somit lebt sie nicht nur bei dem Volk, in dem sie geschlüpft ist.

Bereits im Juli werden die Drohnen im Volk nicht mehr gebraucht; sie werden von den Arbeiterinnen nicht mehr versorgt und aus dem Bienenstock vertrieben.

Drohnen sind größer und pummeliger als die Arbeiterinnen

Links:
Eine Hornisse hat eine Biene erbeutet

Rechts:
Eine Hornisse trennt den Hinterleib einer erbeuteten Biene mit dem Stachel ab, bevor sie die Beute mitnimmt

DIE BIENE ALS NAHRUNGSQUELLE FÜR ANDERE TIERE

Die Sommerbienen haben von Natur aus bereits ein kurzes Leben, da sie nach 4–6 Wochen schon wieder sterben. Allerdings kann auch diese Zeit nochmals verkürzt sein, denn es gibt andere Tiere, die Insekten und eben auch Bienen als Nahrungsquelle nutzen. So werden Bienen Opfer von Vögeln oder auch Hornissen. Gerade wenn Vögel ihre Jungen im Nest versorgen müssen, begrüßen sie einen Bienenstock in ihrer Nähe. Sie fangen die Bienen im Flug ab und füttern damit ihre Brut. Aber auch die Hornisse fängt Bienen als Nahrungsquelle und bringt sie anschließend zum Hornissenbau. Dabei stürzt sie sich auf eine Biene und beißt noch vor Ort den Hinterleib mit dem Stachel und der Giftblase ab und nimmt den Rest der Biene mit.

WACHSTUM UND TEILUNG DES VOLKES

Schon bevor die neue Königin schlüpft, sammelt die bisherige Königin einen Teil der Bienen um sich und beginnt die Vorbereitungen. Draußen in der Umgebung sind bereits Arbeiterinnen unterwegs, die nach einem geeigneten Ort für das Bienenvolk Ausschau halten. Sie geben dann die Richtung an, in die die Königin mit ihrem Gefolge fliegt. Wer Glück hat, kann im Frühling das Summen der Bienen hören, wenn sie auf dem Weg zu einer neuen Unterkunft sind.

Alle Bienen, die mit der Königin ausgeschwärmt sind, suchen sich eine neue Wohnstätte. Im Idealfall finden sie etwas, in dem sie weiterleben können. Meistens finden wir einen Schwarm in einem Baum oder Strauch, der dann wieder von einem Imker eingefangen wird, damit er überlebt. Oft wird die Schwarmbildung in der Imkerei unterdrückt, indem der Imker bereits vorab ein Volk künstlich teilt. Zunehmend wird in der Imkerei wieder die natürliche Vermehrung mit Schwarmbildung praktiziert; man erkennt und diskutiert unter Fachleuten die Vorteile.

Ein Bienenschwarm am Apfelbaum, der vom Imker eingefangen wird und in eine Bienenbehausung kommt

Im Frühsommer, wenn Nahrungsquellen in Form von Pollen und Nektar reichlich vorhanden sind, vermehren sich die Bienenvölker durch Teilung.

Die Blüte bietet Nektar und Pollen und die Pflanze kann nach dem Bienenbesuch den Samen und die Frucht bilden.

Wechselbeziehung Biene – Blütenpflanze

BESTÄUBUNGSEVOLUTION

In ihrer Entwicklung im Laufe der Evolution haben sich zwei Lebewesen optimal aufeinander eingestimmt: Die Bienen und die Pflanzen haben sich gemeinsam auf einen Weg begeben, der für beide zum optimalen Ergebnis führt. Sie ergänzen sich wunderbar und beide Seiten ziehen den größtmöglichen Nutzen aus der Beziehung.

Die „Übereinkunft" besteht darin, dass die Pflanze mit ihrer Blüte der Biene nahrhaften Nektar und Pollen anbietet. Der Pollen bleibt beim Besuch der Blüte im Haarkleid der Biene hängen und sie gibt ihn bei der weiteren Nektarsuche an die nächste Blüte weiter, indem sich dort wieder etwas Pollen aus der Behaarung löst. So wird die nächste Blüte befruchtet und es kommt zur Fruchtbildung für die Vermehrung der Pflanze. Gleichzeitig bekommt die Biene eine energiereiche Nahrung und auch Pollen bleibt übrig, den sie mit den Pollenhöschen zum Bienenstock bringt. Damit kann sie ihre Nachkommen großziehen und das Bienenvolk wird sich im Frühling vermehren.

Das Nahrungsangebot der Blütenpflanze aus Nektar und Pollen lockt Bienen an und führt so zu einer gezielten und effektiven Bestäubung der Blütenpflanze.

Mithilfe einer Bestäubung durch die Biene benötigt die Pflanze weniger Pollen, weil dieser sicher mit der Biene zur nächsten Blüte kommt und sie nicht mehr auf die zufallsabhängige Windbestäubung angewiesen ist. Pflanzen, die sich über Windbestäubung vermehren, benötigen eine viel größere Menge Blütenstaub, weil dieser mit dem Wind in alle Richtungen getragen werden kann und für die Befruchtung das Zufallsprinzip eintritt.

Die direkte Bestäubung über die Biene ist vorteilhaft für die Pflanze; hier eine Malve und eine Biene, die mit Pollen überstreut ist

WILD- UND HONIGBIENE

Oft wird die Honigbiene zu den „Haustieren“ gezählt, da sie bei uns aufgrund der Überwinterung und der Bevorratung vom Imker gehalten werden kann. Aber nur weil wir Menschen die Honigbiene in unsere Nähe gebracht haben und ihr eine Behausung zur Verfügung stellen, heißt das tatsächlich, dass sie kein Wildtier mehr ist?
Egal ob Solitärbienen (sie leben alleine), Honigbienen oder Hummeln, gehören sie nicht alle zu den Wildtieren?

Jede Bienenart hat ihre eigene Überlebensstrategie. Bei der Hummel, die ebenfalls zu den Wildbienen gehört, überwintert nur die begattete Jungkönigin und beginnt im Frühjahr alleine wieder damit, ein neues Hummelvolk aufzubauen. Im zeitigen Frühling sieht man nur die Hummelkönigin fleißig bei der Nektar- und Pollensuche. Dadurch ist sie natürlich zahlenmäßig noch nicht so reichlich für die Bestäubung der Obstbäume vorhanden. Es dauert im Frühling etwas Zeit, bis die Volksstärke der Hummel im Frühsommer erreicht ist.

Hummelkönigin auf einem Duftveilchen

Die meisten Wildbienenformen sind Solitärbienen, auch Einsiedlerbienen genannt. Sie versorgen ihre Nachkommen ohne Angehörige ganz alleine. Sie legen ein Ei, das mit Futter versorgt wird, und reihen diese Eier in Sandröhren, Mauerritzen oder anderen Brutgelegen (je nach Bienenart) aneinander und verschließen es. Das Weibchen stirbt normalerweise, bevor die nächste Brut im nächsten Frühjahr schlüpft. Solitärbienen bilden keinen Staat, der im Frühling bereits wieder für die Bestäubung in großer Anzahl zur Verfügung steht. Vielmehr gibt es unter den verschiedenen Solitärbienen Arten, die nur für eine begrenzte Zeit im Jahr für die Bestäubung vorhanden sind. Manche sind auf bestimmte Pflanzen spezialisiert und sind nur in deren Blütezeit flugfähig, aber hierfür wiederum sehr wichtig.

Biene mit Blütenstaub im Borstenkleid

In den gemäßigten Breiten werden ca. 85 % der Blütenpflanzen von Insekten bestäubt. Gerade im Frühling blühen viele Pflanzen gleichzeitig. Obstbäume und Wildkräuter bilden unzählige Blüten. Diese müssen von Insekten und Bienen in kurzer Zeit bestäubt werden, damit die Samen und Früchte sich gut entwickeln können. Aber nur die Honigbiene ist durch die Überwinterung im Bienenvolk zu dieser Jahreszeit in großer Anzahl unterwegs. Wichtig ist, dass die Biene ganzjährig Futterquellen zur Verfügung hat, damit sie auch gut überwintern kann.

Die Biene hat an ihrem Körper extra ein dichtes Borstenkleid, damit die Pollenübertragung gut funktionieren kann. In diesem Borstenkleid verfangen sich die winzig kleinen Pollen. Mit ihren Füßen kämmt sie den Blütenstaub vom Haarkleid bis zu ihrem hinteren dritten Beinpaar. An diesen beiden Hinterbeinen sammelt sie die Pollen, die wie zu einer kleinen Kugel kompakt geformt werden. Im Gegensatz zur Biene hat z. B. die Wespe kein Haarkleid an ihrem Körper; der Körper ist glatt und glänzt in der Sonne. Die Bestäubung steht bei der Wespe nicht an vorderster Stelle.

FRUCHTENTWICKLUNG

Durch die Gemeinschaft von Bienen und Blütenpflanzen ergibt sich ein weiterer Gewinn für die Pflanzenvermehrung. Denn die Honigbiene ist „pflanzenstet". Das bedeutet: Immer wenn die Biene den Bienenstock verlässt, entscheidet sie sich für die Blüten einer Pflanzenart, bis sie wieder in den Stock zurückfliegt. Erst wenn sie erneut aus dem Stock ausfliegt, wird sie sich neu entscheiden.

Pflanzen, die darauf angewiesen sind, dass ihre Blüten mehrfach von der Biene angeflogen werden, damit auch Pollen häufiger aufgetragen wird, profitieren von dieser Eigenschaft; denn erst bei mehrfachem Bienenbesuch kommt es zu einer optimalen Fruchtbildung. So muss z. B. eine Apfelblüte mehrfach von der Biene mit Pollen versorgt werden, damit sich ein schöner, großer Apfel bilden kann, der auch dann wiederum erst die Samen vollständig im Kerngehäuse ausbilden kann. Wenn wir das Kerngehäuse quer durchschneiden, sehen wir manchmal, dass in den einzelnen Samenkammern die Samen nicht gut ausgebildet sind. Das kann von einer nicht ganz optimalen Befruchtung kommen. Auch fallen schon nach der beginnenden Fruchtbildung kleine Äpfelchen vom Baum, weil die Bestäubung nur sehr schlecht erfolgte. Das passiert dann, wenn es während der Blütezeit zu kalt ist und die Bienen und Insekten nicht fliegen können oder wenn es zu viel und andauernd regnet.

Eine optimale Befruchtung sorgt nicht nur dafür, dass die Frucht besser ausreift, sondern selbst Inhaltsstoffe und Lagerfähigkeit verbessern sich. Die Inhaltsstoffe sind besser aufeinander abgestimmt und versorgen damit auch unseren Körper noch optimaler.

Biene in einer Apfelblüte

Ein
Buchweizenfeld
ergibt für uns Menschen
ein wunderbares Nahrungs-
mittel, gleichzeitig Nektar
und Pollen für die
Bienen.

Nahrung für die Biene und den Menschen

Kulturlandschaft bedeutet, dass der Mensch eingreift und im Idealfall für die Bienen Blüten vorhanden sind

UNSER ESSEN VERÄNDERT DIE KULTURLANDSCHAFT

Wenn wir aus dem Haus gehen, treffen wir keine unberührte Natur mehr an, vielmehr treffen wir auf eine Kulturlandschaft. Das bedeutet, der Mensch greift in die Natur ein. Die Abbildung zeigt Wiesen auf dem Land. Auch diese landwirtschaftlichen Flächen bilden eine Kulturlandschaft – genauso wie die Grünflächen in der Stadt oder die Naturschutzgebiete, die vom Menschen ausgewiesen werden.

Ob wir auf dem Land leben oder zur Miete in der Stadt ohne Garten oder in einem Einfamilienhaus mit großem Garten: Wir alle entscheiden täglich, wie unsere Kulturlandschaft aussieht und in Zukunft aussehen wird. Denn natürliche Flächen, in die der Mensch nicht (mehr) eingreift, werden immer seltener und damit verringert sich auch die Vielfalt an Lebensformen (sogenannte Biodiversität).
Die landwirtschaftlichen Nutzflächen werden von Landwirten für alle Menschen bepflanzt und bearbeitet. Es sollten darauf gute Lebensmittel wachsen, mit denen wir hoffentlich gesund alt werden können. Das Schöne daran ist, dass jede einzelne Person einen Einfluss darauf hat, ob sie beim Einkauf Lebensmittel erwirbt, die für sie selbst gesund und zugleich für die Bodenfruchtbarkeit und für die Umwelt gut sind. Natürlich ist dabei ganz wichtig, dass wir Lebensmittel aus den Kategorien wählen, die auch für Bienen und andere Insekten eine optimale Nahrungsquelle bieten. Deshalb heißt es beim Einkauf: die Augen offenhalten.

Der Landwirt ist wiederum darauf angewiesen, was die Verbraucher einkaufen, denn nur diese nachgefragten Produkte wird er erneut anpflanzen, damit er sie vermarkten und davon leben kann. Deshalb läuft es auch hier wieder darauf hinaus, dass wir Konsumenten entscheiden, was in unserer Kulturlandschaft wächst.

Jeder ist verantwortlich dafür, was mit unserer Erde passiert – und das jeden Tag aufs Neue.

MODERNE LANDWIRTSCHAFT

Siegeszug der Zuckerrübe

Die Zuckerrübe ist ein ganz besonderes Beispiel einer Pflanze, die in der Natur, in der Landwirtschaft, für die Bienen und für uns Menschen nur Nachteile mit sich gebracht hat. Deshalb möchte ich diese Pflanze hier anführen, weil sie sich auch auf unsere Essgewohnheiten stark ausgewirkt hat. Sie dient als Beispiel, wie auch die Landwirtschaft in eine Richtung gelenkt werden kann, an der wir alle etwas verändern können.

Zuckerrübe und Biene

Die Zuckerrübe ist selbstbestäubend und windbefruchtend und benötigt keine Insekten für die Vermehrung. Diese Pflanzenart produziert also keinen Nektar und Pollen. Dies bedeutet für Bienen und andere Insekten, dass ein riesiges Zuckerrübenfeld eine grüne Wüste ohne Nahrungsmöglichkeit darstellt.

Ackerfläche mit Zuckerrüben – Wüste für die Biene, weil auch zwischen der Frucht nichts wächst

Die Zuckerrübe ist grundsätzlich ein Gemüse wie jedes andere auch

Zuckerrübe als Gemüsepflanze

Die Zuckerrübe ist eine Frucht, die bereits seit über 2000 Jahren in verschiedenen Regionen angebaut wird. Bis ins 18. Jahrhundert nutzten die Menschen die Zuckerrübe als Gemüsepflanze und verarbeiteten die komplette Rübe wie jedes andere Gemüse. Dadurch lieferte sie natürlich auch noch das gesamte Kohlenhydratspektrum (auch Zucker) zusammen mit Vitaminen, Mineralstoffen, Spurenelementen und vielen weiteren Inhaltsstoffen. Somit war alles vorhanden, was unser Körper gemeinsam verstoffwechseln kann. Keiner hat zu viel davon gegessen, weil das Sättigungsgefühl aufgrund der Nährstoffvielfalt der kompletten Frucht bald erreicht war. Auch Bienen und andere Insekten waren nicht gefährdet, weil der Anbau nur im kleinen Rahmen erfolgte.

Zuckerquelle Rübe

Erst mit der Entdeckung des hohen Zuckergehalts in der Rübe als Quelle für Süßungsmittel hat sich in der Landwirtschaft vieles im Anbau der Zuckerrübe als Nutzpflanze verändert. Die Pflanze als Zuckerquelle wurde 1747 durch Andreas Marggraf entdeckt. Der Chemiker Franz Carl Achard entwickelte 1801 aus dieser Rübe eine industrielle Produktionsmöglichkeit für Zucker. Damit stand dem Aufstieg der Zuckerrübe in der Landwirtschaft und dem Zuckerkonsum der Menschen nichts mehr im Wege. Alles konnte von da an kostengünstig mit dem kristallisierten Auszug aus der Rübe versüßt werden. Der Zuckerrübenanbau wurde vorangetrieben und flächenmäßig ausgebaut – erst recht, als unter Napoleon die Kontinentalsperre für Rohrzucker erfolgte. Um 1850 beschleunigte die Möglichkeit einer Mechanisierung des Zuckerrübenanbaus zusätzlich die flächenmäßige Verbreitung der Zuckerrübe in Europa. Wenn aber der Zuckerrübenanbau mehr Platz braucht, verschwinden dafür viele andere Pflanzen. Dies schließt viele Pflanzenarten ein, die für die Bienen wertvoll wären, was somit gravierende Auswirkungen für die Ernährung der Biene hat.

Von der Zuckerrübe verwenden wir nur den Auszugszucker im Haushalt

Verkaufsschlager Zucker

Wir haben mit der Zuckerrübe, einem ursprünglich ganz normalen Gemüse, mit unserer industriellen Verarbeitung und Vermarktung ein Produkt geschaffen, das den Bienen auf dem Feld absolut keine Nahrung bietet und bei uns Menschen die Gesundheit schädigt.

Trotzdem wird der Zucker täglich gekauft, ob rein als Zucker oder bereits in verarbeiteten Produkten im Supermarkt. Auch herzhafte Fertigprodukte können mit Auszugszucker angereichert sein und sollten nicht unterschätzt werden. Jeder Einzelne hat hier tatsächlich die Möglichkeit, durch sein Kaufverhalten Einfluss zu nehmen, indem er sich beim Einkauf gegen diesen Industriezucker und z. B. für Honig als Süßungsmittel entscheidet.

Wird weniger Zucker gekauft, benötigen wir weniger Zuckerrüben und es bleibt mehr Platz für Pflanzen mit Nektar und Pollen.

POWERFOOD: BIENENWEIDE ALS AUSWEG

Wenn wir den Begriff „Bienenweide" hören, gehen wir immer von schönen bunt gemischten Blütenpflanzen aus. Jedoch kann die Bienenweide auch gleichzeitig eine Feldfrucht sein, mit der wir Menschen uns ernähren können. So ist das Sonnenblumenfeld eine Bienenweide für die Biene, gleichzeitig sind die Sonnenblumenkerne oder das daraus gewonnene Öl aber auch ein Lebensmittel für uns.
Es gibt einige Feldfrüchte, die in der Landwirtschaft bereits kultiviert werden und in der Ernährung eingeführt sind und zusätzlich ein reiches Nahrungsangebot für Bienen und Insekten bieten. Wenn wir

Wir können mit dem Kauf von Lebensmitteln, die gleichzeitig als Bienenweide fungieren, vieles zum Positiven verändern – jeder Einzelne von uns.

diese Lebensmittel mehr in den Fokus stellen und bewerben, wird sich die Nachfrage erhöhen und damit der Anbau in der Landwirtschaft.

So haben wir z. B. die Möglichkeit, mit Buchweizen, Süßlupinen, Ölsaaten (Ölen), Edelkastanien (Maroni) und Heuweiden (Heumilchprodukten) einiges zu verändern. Wir haben hier mit nur diesen fünf Beispielen eine große Chance, Bienenweiden wieder in die Landwirtschaft zurückzuholen, wenn wir Produkte aus diesen Pflanzen kaufen. Sie sind gut für unsere Gesundheit und bieten gleichzeitig den Bienen ein großes Nahrungsangebot an Nektar und Pollen.

Buchweizen

Mit Buchweizennüsschen haben wir ein Ersatzgetreide, mit dem wir Brot backen können. Wir können es für Pfannkuchen verarbeiten oder ins Müsli geben, es eignet sich auch als Nudelersatz und zum Braten oder als Gemüse. Als Porridge oder als Reisalternative und für Süßspeisen lässt sich Buchweizen wunderbar verwenden. Er ist reich an Nährstoffen für unseren Körper. Buchweizen gilt als vollständige Proteinquelle, weil er alle essenziellen Aminosäuren enthält und damit eine hohe Wertigkeit hat. Für Menschen mit Zöliakie ist Buchweizenmehl ein hervorragender Getreideersatz. Es gibt auch bereits viele unter uns, die zwar keine Zöliakie haben, aber empfindlich auf die konventionellen Getreidesorten reagieren und evtl. einen Blähbauch bekommen oder bereits leichte Verdauungsprobleme haben. Auch hier kann Buchweizen als Alternative dienen.

Buchweizen kann in vielen Fällen Getreide ersetzen und ist insbesondere bei Weizenunverträglichkeit oder Zöliakie eine ideale Alternative.

Zusätzlich ist Buchweizen eine ausgezeichnete Bienenweide, die in der Zeit von Juli bis Oktober blüht und für die Bienen ein reichhaltiges Nektar-, aber auch Pollenangebot liefert – in einer Zeit, in der viele Insekten im Hochsommer Hunger leiden. Buchweizenhonig liefert wiederum ein Süßungsmittel, das für uns gesund ist.

Steigt der Umsatz von heimischem Buchweizen im Verkauf, werden sich auch wieder mehr Landwirte auf diese Pflanze zurückbesinnen und sie anpflanzen. Damit haben wir alle erneut etwas in die richtige Richtung verändert.

Buchweizensamen zum Kochen und Backen

Süßlupinenfrüchte für unsere Ernährung, wie sie im Handel angeboten werden

Lupine

Die Süßlupine hat in ihren Samen jede Menge Eiweiß. Sie ist noch besser als die Sojabohne und bietet sich als hervorragende Alternative für diese an. Denn die Süßlupine ist bei uns heimisch und lässt sich gut in unseren Breitengraden anpflanzen. Zusätzlich ist sie ballaststoffreich und entzündungshemmend, hat eine gute Mineralstoffbilanz und stärkt das Immunsystem. Der Proteinanteil liegt bei 36 bis 48 %; bei gleichzeitig niedrigem Kohlenhydrat- und Fettanteil hat die Süßlupine alle essenziellen Aminosäuren, die mit der Ernährung aufgenommen werden müssen. Sie kann wunderbar als Soßenbinder dienen, für Suppeneinlagen, Salate, Aufstriche und Süßspeisen. Herzhaft in Gemüsebratlingen ist sie ein idealer Eiweißlieferant. Sie wirkt in der Ernährung vorwiegend basisch und ist dadurch bei Gicht, Rheuma und bei hohem Harnsäurespiegel zu empfehlen.
Als Bienenweide bietet die Lupine für Bienen Nektar und Pollen an – und wird auch sehr gerne von Hummeln aufgesucht.

Die Süßlupine ist eine ausgezeichnete heimische Eiweißlieferantin und übertrifft dabei die Sojabohne.

In der Landwirtschaft reichert die Lupine als Leguminosenart den Boden durch ihre Knöllchenbakterien mit Stickstoff an, sodass sie auch ohne Düngung auskommen kann. Die Wildform der Lupine dient daher auch als Zwischenfrucht für die Bodendüngung.
Wichtig ist, dass nur die Süßlupine zum Essen verwendet wird. Sie ist bereits eine Züchtung, die im Handel erhältlich ist. Von einer Wildsammlung rate ich ab, weil Wildpflanzen giftige und bittere Alkaloide enthalten, die sich nicht zum Verzehr eignen.
Probieren Sie einfach einmal einige Rezepte mit Lupinenprodukten aus und stellen Sie selbst fest, ob Ihnen eher das Süßlupinenmehl, das geschrotete oder das ganze Samenkorn gekocht am besten schmecken. Je mehr jeder von uns Produkte aus dieser Pflanzenart in seinen Speiseplan aufnimmt, desto mehr wird davon auf unseren Feldern gesät und wir erhalten eine weitere Bienenweide in der Landwirtschaft.

Heimische Ölsaaten

Mariendistel, Sonnenblume, Mohn, Raps, Lein, Leindotter und andere Blütenpflanzen liefern wunderbare Öle, die reich an Inhaltsstoffen sind. Unser Körper bedankt sich mit guter Gesundheit, wenn wir kaltgepresste Öle dieser heimischen Pflanzen verwenden. Die Pflanzen für diese Öle sind zudem eine gute Bienenweide und ernähren Bienen und Insekten mit reichlich Pollen und Nektar. Deshalb können wir auch hier wieder mit unserem bewussten Kauf die Nachfrage steigern und somit die Bienenweiden in der Landwirtschaft fördern.

Sonnenblumen für die Bienen und für Samen und Öl

Die Maroniblüte ist die Blüte der Edelkastanie

Blühender Kastanienbaum mit einem in der Nähe platzierten Bienenvolk

Maroni-Edelkastanie

Die Maroni ist eine Frucht, die gerade in der kalten Jahreszeit sehr beliebt ist. Auf den Wintermärkten wird sie geröstet angeboten. Sie enthält viele Nährstoffe und wärmt unseren Körper von innen. Sie stärkt unser Immunsystem und fördert damit unsere Gesundheit über die kalten Monate. Sie ist die Frucht eines Baumes, der auch in unseren Breitengraden in Baden-Württemberg und Rheinland-Pfalz angepflanzt wird: die Edelkastanie. Die Blüte fällt in eine Zeit der Nahrungsknappheit bei den Bienen. Deshalb wandern viele Imker mit ihren Völkern in die Gegend der Anbaugebiete von Edelkastanien. Dadurch, dass ein großer Baum ein dreidimensionales Blütenangebot mit unzähligen Blüten bietet, ist er eine ideale Nahrungsquelle auf wenig Raum.

Weil sich auch bei uns die klimatischen Verhältnisse verändern, kann der Edelkastanienbaum mittlerweile selbst im Alpenvorland gut angepflanzt werden. Durch seine große Pfahlwurzel ist er auch für trockenere Gebiete gut geeignet. Für den Landwirt ergibt sich ein Ertrag in Form der Maronenfrucht und gleichzeitig kann er den Honigertrag vermarkten.

Der Maronenbaum hat also reichlich Vorteile für die Bienen, für die Landwirtschaft und für uns Verbraucher, weil er ein Superfood in der Ernährung zur Verfügung stellt. Mit den Rezepten in diesem Buch möchte ich aufzeigen, wie wir ganzjährig die Frucht und den Honig verwenden können.

Kastanienhonig schmeckt etwas bitter und ist für unsere Ernährung sehr wertvoll und die Maronenfrucht lässt sich vielseitig in der Küche verarbeiten.

Heumilchprodukte

Heumilchprodukte sind doch keine Bienenweiden, warum können wir mit dem Kauf von Heumilch, Heumilchjoghurt, Heumilchkäse usw. dann dennoch die Bienen unterstützen? Das liegt daran, dass für die Heumilch große Weideflächen benötigt werden, um die Kühe im Sommer auf der Weide grasen lassen zu können, aber auch um den Wintervorrat an Heu produzieren zu können.

Viehweiden bestehen nicht nur aus Gras, sondern sind reich an Blütenpflanzen, an deren Nektar und Pollen sich Bienen und Insekten laben können.

Durch den Kauf von Heumilchprodukten können wir selbst dazu beitragen, Bienenweideflächen zu vergrößern, indem dadurch die Nachfrage im Handel steigt und sich wieder mehr Landwirte für eine Weidehaltung mit Heumilcherzeugung entscheiden. Dies können sie aber auch nur dann, wenn die Molkereien oder Direktvermarkter die Heumilchprodukte gut verkaufen können.

FAZIT

Jeder Einzelne kann die Flächen mit Bienenweiden in der Landwirtschaft indirekt vergrößern, wenn wir alle an einem Strang ziehen und bereits morgen mit unserem veränderten Kaufverhalten beginnen. Außer den genannten Beispielen gibt es natürlich noch viele weitere Pflanzen und Lebensmittel, die in der heimischen Landwirtschaft wieder zu mehr Flächen mit Bienenweiden führen. Hierzu gibt es genügend Informationsplattformen, die uns zeigen, welche Lebensmittel gleichzeitig als Bienenweide dienen. Diese gilt es, vermehrt in unseren Speiseplan aufzunehmen und soweit wie möglich aus der Region zu beziehen.

Es gibt keinen Grund, andere in die Verantwortung zu nehmen, wenn wir selbst nicht anfangen, wieder eine Vielfalt in der Natur und Landwirtschaft zu unterstützen.

Weide mit Kühen und Ziegen für Heumilchprodukte von der Kuh sowie von der Ziege

Die Produkte aus dem Bienenvolk werden seit einigen Tausend Jahren verwendet und mit Heilkräutern ergänzt.

Lebens- & Heilmittel aus dem Bienenstock

MEDIZINISCHE ANWENDUNG – ÜBERLIEFERUNGEN

Die Heilwirkung des Honigs ist auf den ältesten bekannten schriftlichen Denkmälern, den mesopotamischen Tontafeln, verzeichnet. Solche Tafeln dienten seit dem 4. Jahrtausend v. Chr. als Schreibmaterialien.

Der medizinische Papyrus Ebers, der vom Leipziger Ägyptologen Georg Ebers 1873 für die Universitätsbibliothek Leipzig erworben wurde, enthält viele Rezepte für die Behandlung von Leiden der Bevölkerung. Dieser Papyrus wird auf die Zeit um 1550 v. Chr. datiert und gehört deshalb mit zu den älteren Funden über die Behandlung mit Honig und Bienenprodukten für medizinische Zwecke. Beachtlich ist, dass darin bereits ein breites Angebot an Rezepturen für eine umfangreiche Krankheitsliste aufgeführt ist – von Verdauungsbeschwerden über Nervöses Herz, Brechreiz und Räude bis zu Zahnbeschwerden.

Hippokrates (460–377 v. Chr.) beschreibt die Verwendung von Bienenprodukten als Mittel gegen Magen- und Darmkrankheiten sowie zur Leberreinigung u.v.m. Er setzte unter anderem auch schon eine Therapie mit Oxymel und Sauerhonig (Erklärung S. 133) ein. Aristoteles (385–322 v. Chr.) beschreibt zudem auch das Leben der Bienen und verwendet Honig, Propolis und Wachs zur Behandlung von Patienten. Das Bienengift wird schriftlich beim griechischen Arzt Galenos (129 bis 199 n. Chr.) erwähnt als schmerzstillend und zur Förderung der Durchblutung.

Seidene Schriftrollen („Die 52 Rezepte“) aus dem Jahr 200 v. Chr. belegen mit zwei Rezepten die medizinische Verwendung von Bienenbrot und Honig. Das erste phytotherapeutische chinesische Werk „Shennong ben cao jing“ zeigt bereits vor 2000 Jahren auf, dass Honig, Bienenwachs und Bienenbrot exzellente Produkte für die bestehende Gesundheit, aber auch zur Behandlung von Krankheiten sind. Bis in die heutige Zeit gibt es im asiatischen Raum viele Aufzeichnungen, die die Wirkung von Bienenprodukten beschreiben und in die TCM (Traditionelle Chinesische Medizin) mit einbezogen werden. Die Bienenprodukte sind den fünf Elementen der chinesischen Ernährungslehre zugeordnet.

Bienenprodukte waren schon in der Antike in vielen Kulturen wertvolle Ausgangsmaterialien für Heilmittel gegen die unterschiedlichsten Krankheiten und Verletzungen.

DIE ROHSTOFFE ALS SCHÄTZE AUS DEM BIENENVOLK

Apitherapie – Bienenprodukte für die Gesundheit

Wenn wir uns mit Bienenprodukten befassen, kommt in der heutigen Zeit oft der Begriff „Apitherapie“ auf. Damit wird die Heilkraft der Bienenprodukte für unseren Organismus umschrieben. Die Anwendung von Honig, Propolis & Co. beim Menschen hat eine lange Tradition; sie ist in den letzten Jahren vermehrt im Gespräch und wird wieder häufiger angewendet.

Inhaltsstoffe der Pflanze sind auch im Pollen wiederzufinden und wirken bei der Apitherapie mit

Prinzipien der Apitherapie

Mit Apitherapie bezeichnet man die Vorbeugung, Heilung und die Genesung des menschlichen Organismus unter Zuhilfenahme von Bienenprodukten. Die Bienenprodukte finden Verwendung, um die Gesundheit zu erhalten, um Krankheiten zu heilen und nach der Heilung wieder vollständig gesund zu werden und sich zu stabilisieren. Hierbei ist es unerheblich, ob es einfache oder schwerwiegendere Erkrankungen sind. Apitherapie wird beispielsweise eingesetzt bei Grippe, Hauterkrankungen, Magen-Darm-Erkrankungen, bei chronischen Krankheiten, ergänzend in der Krebstherapie u. v. m. Die Bandbreite ist unerschöpflich. Apitherapie wird in der medizinischen Anwendung oft im Zusammenhang mit anderen ganzheitlichen Naturheilmethoden angewendet. So wird sie z. B. mit Phytotherapie, Aromatherapie, Akupunktur oder Ayurveda verbunden, um den Körper in seiner Gesamtheit zu unterstützen. Sie kann auch ergänzend zur Schulmedizin von einem Arzt oder Therapeuten angewendet werden.

Naturwabenbau in der Bienenkugel, in der die Bienen ihren Honig einlagern

Vielleicht ist die Wirksamkeit der Apitherapie auf die komplexe Zusammensetzung des Honigs, aber auch die der anderen Bienenprodukte zurückzuführen. Das lässt sich weiter ergründen.

Wie bereits erwähnt ist die Apitherapie keine neumodische Erscheinung, sondern Fachleute setzten sie bereits vor Jahrtausenden erfolgreich bei ihren Patienten ein. Allerdings gibt es in den letzten Jahren und Jahrzehnten auch immer mehr wissenschaftliche Belege, warum mit Apitherapie positive Effekte erzielt werden können. Die Inhaltsstoffe der Bienenprodukte werden immer detaillierter analysiert, wobei ein Ende derzeit noch nicht absehbar ist. Weltweite Studien belegen mittlerweile die Wirksamkeit von Bienenprodukten, sodass wir nicht mehr nur auf Überlieferungen bezüglich der positiven Auswirkungen bei der Anwendung angewiesen sind.

Vor allem bei der Behandlung von Krankheiten mit Bienenprodukten kommt es auf die genaue Zusammenstellung der Produkte an, die von einem Arzt oder Therapeuten erfolgen sollte.
Zur Apitherapie gibt es zwischenzeitlich bereits ausführliche Literatur und wissenschaftliche Studien. Wer Interesse an diesem Thema hat, kann sich intensiver damit befassen. In Deutschland gibt es eine Apitherapiegesellschaft (DAB, Deutscher Apitherapiebund). Der DAB ist mit Ärzten und Therapeuten in vielen Ländern im Austausch.

Allergien

Vor jeder Therapie mit Bienenprodukten ist darauf zu achten, ob ggf. eine Allergie oder Unverträglichkeit gegenüber den einzelnen Bienenprodukten vorliegt. Andererseits lassen sich Allergien mit der Apitherapie im Sinne einer Desensibilisierungsbehandlung mildern oder beseitigen, wenn zuvor eine eingehende Ursachenanalyse erfolgt ist.

Bienenprodukte in der Ernährung und bei der eigenen Anwendung

In diesem Buch werden die verschiedenen Bienenprodukte vorgestellt und ihr Einsatz in der Ernährung und in der äußerlichen Anwendung beschrieben. Hierbei zeigt sich, dass alle Bienenprodukte für den Menschen positive, gesundheitsfördernde Effekte aufweisen und Linderung oder Ergänzungen zur Krankheitsbehandlung bieten. Das Wohlbefinden lässt sich mit den Produkten aus dem Bienenstock sehr gut steigern.
Ich möchte jedoch darauf hinweisen, dass bei bestehenden Krankheiten oder auftretenden Beschwerden die nachfolgenden Rezepte und Ausführungen keinen Arzt- bzw. Therapeutenbesuch ersetzen. Bei länger anhaltenden Beschwerden ist eine Abklärung durch Fachpersonal unbedingt erforderlich.

Honig

Die Biene als Honigmacherin

Die Bienen sammeln den Honig nicht direkt in der Natur. Vielmehr holen sie ein Ausgangsprodukt in der Natur und erst durch die eigene Verarbeitung entsteht der Honig. Das Ausgangsprodukt ist der Nektar. Hierbei unterscheiden wir verschiedene Nektarquellen mit verschiedenen Inhaltsstoffen, was die einzelnen Honigsorten einzigartig macht.

Nektar von Blüten

Pflanzen sondern am Grund ihrer Blüten Nektar ab, um Insekten und Bienen anzulocken, damit diese wiederum die Blüten bestäuben. Den Nektar nimmt die Biene mit ihrem Saugrüssel auf und wandelt ihn in weiteren Prozessen zum Honig um.

Eine Biene saugt Nektar aus einer Blüte des Gewöhnlichen Dosts

Wenn im Wald die Nadelbäume Läuse haben, kann die Biene deren Abscheidungen holen

Nektar von Läusen

Blatt- oder Schildläuse holen sich durch Anstechen der Pflanzen die Nährlösung aus den Assimilat- bzw. Siebröhren der Pflanze. Sie selbst entnehmen daraus Enzyme, Vitamine und Mineralien und scheiden über eine gesonderte Drüse die überflüssige Zuckerlösung wieder aus. Das macht sich die Honigbiene zunutze, fliegt gezielt an die Läuse und nimmt den Zuckertropfen auf. Sie selbst wertet diese Zuckerlösung durch eigene Sekretbeigaben weiter zum Honig auf, wie wir ihn kennen. Der dunkle Waldhonig, den wir kaufen können, entsteht im Hochsommer durch die Blattlausaktivitäten an den Nadelbäumen.

Nektar außerhalb der Blüte

Es gibt auch Pflanzen, die Saftdrüsen außerhalb der Blüten haben. Sie scheiden darüber einen zuckerhaltigen Saft ab, den „Nektar". Diese Drüsen bezeichnet man auch als extraflorale Nektarien.
Über diese Nektarien scheidet die Pflanze auf Blättern, Blattstielen, am Stängel oder den Stängelachseln Nektar bzw. Zuckerlösung aus. Diese Zuckerlösung nimmt wiederum die Honigbiene auf und verarbeitet sie weiter zu Honig. Dadurch hat die Biene auch außerhalb der Blütezeit Nektar von Pflanzen, wie z. B. von Esskastanie, Kornblume, Tollkirsche und einigen Farnarten.

Wandlung vom Nektar zum Honig

Die Bienen sammeln von den genannten drei unterschiedlichen Zuckerquellen den Nektar mit ihrem Saugrüssel auf und lagern ihn in ihrem Honigmagen. Erst durch die Anreicherung mit eigenen Sekreten

Aufgeschnittener Wabenhonig – der glänzende Honig kommt zum Vorschein

Die Bezeichnung „Honigmacherin" kommt daher, dass die Biene keinen Honig sammelt, sondern erst durch ihre fleißige und unermüdliche Arbeit aus Nektar der wunderbare Honig entsteht.

und Stoffwechselprodukten, darunter Eiweiße, Enzyme, antibakterielle Substanzen und anderes, erfolgt die Umwandlung vom Nektar zum Honig. Diese wundersame Bereicherung erfolgt über einen längeren Zeitraum, da die Bienen den Honig mehrfach wieder aufnehmen und im Stock neu einlagern. Bei diesem komplexen Prozess, den die Bienen unermüdlich durchführen, werten sie den Honig immer weiter auf und entziehen ihm gleichzeitig Wasser. Denn erst wenn der Honig nur noch einen Wassergehalt unter 18 % hat, ist er lagerfähig und haltbar. Er dient dann den Bienen im Bienenstock als Vorrat bei schlechter Witterung und für den Winter.
Der Imker erkennt das daran, dass die Bienen die Bienenwabe verdeckeln. Das bedeutet, dass die einzelnen Zellen, die mit Honig gefüllt sind, eine Wachs-Propolis-Schicht bekommen, damit der Honig als Vorrat steril abgepackt ist.

Lebendiges Naturprodukt Honig

Bienenhonig vom Imker als „flüssiges Gold" ist ein natürliches Lebens- und Heilmittel, das ohne Zusatzstoffe ein komplexes Süßungsmittel ist und sich dadurch auch für die natürliche und gesunde Ernährung hervorragend eignet. Es sind bereits um die 400 Inhaltsstoffe analysiert und es gibt noch sehr viele weitere Stoffe im Honig, die es zu erforschen gilt. Im Honig finden wir viele wichtige Antioxidantien, darunter Polyphenole und Flavonoide, Aminosäuren, Enzyme, ätherische Öle, Flavone, Tannine und organische Säuren. Vor allem die Antioxidantien helfen, unsere Körperzellen in allen Organen vor verschiedenen Angriffen zu schützen. Bienenhonig enthält etwa 20–30 verschiedene Zuckerarten (je nach Honigsorte). Die Verstoffwechslung dieser Zuckerarten unter Berücksichtigung der Synergie mit weiteren Inhaltsstoffen des Honigs bringt beim Süßen zusätzliche Vorteile für unseren Körper mit sich.

Honig eignet sich aufgrund der bakteriziden, mineralisierenden, antiseptischen, antioxidativen, reizlindernden und entzündungshemmenden Wirkung als natürliches und effizientes Wundmittel (Wundpflaster). Auch die Schulmedizin greift auf diesen Wundverband bei schwer heilenden Infektionen und selbst bei tiefen Wunden zurück. Wissenschaftliche Untersuchungen zeigen, dass Honig ebenso gute und manchmal sogar bessere Effekte bei der Wundheilung erzielt als Antibiotika. Bei Verbrennungen oder Infektionen nach Operationen kann ein Wundverband mit Bienenhonig das Heilungsergebnis verbessern. Hierbei wird im klinischen Bereich auch oft ein medizinischer Honig eingesetzt, der steril aus den Honigwaben genommen und steril bis zur Verwendung aufbewahrt wird. Auch sehr schwer heilende, diabetische offene Hautpartien, bereits septische Diabeteswunden oder die Schuppenflechte können z. B. mit Blütenhonig oder Kornblumenhonig behandelt werden.

Beeindruckende Vielfalt an gesunden Wirk- und Inhaltsstoffen

Das dargestellte Wabengeflecht (siehe nächste Seite) zeigt in einem kleinen Ausschnitt bereits in anschaulicher Weise, welche Vielfalt an Inhaltsstoffen der Bienenhonig vom Imker im Unterschied zum Zucker aufweist.

Haushaltszucker besteht aus Saccharose und hat keine weiteren nennenswerten Inhaltsstoffe. Damit wir Auszugszucker in unserem Körper verarbeiten können, müssen alle Enzyme und sonstigen Hilfsmittel für die Verstoffwechslung des Zuckers aus unserem Körper zusätzlich herangezogen werden und fehlen somit unseren Zellen für andere wichtige Aufgaben.

Im Gegensatz zum Zucker ist Honig ein lebendiges, natürliches Lebensmittel. Es liefert viele gesundheitsfördernde Wirkstoffe mit, die wie-

Honig aus dem Bienenvolk*

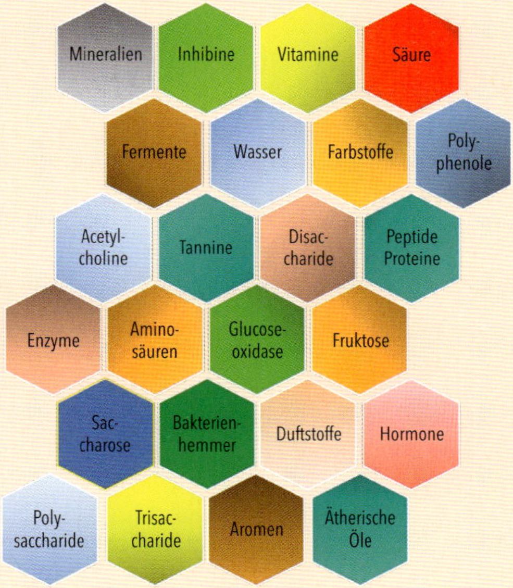

Haushaltszucker aus Zuckerrübe oder Zuckerrohr*

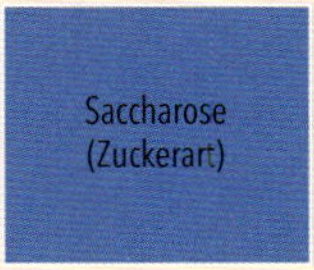

** ohne Mengenangabe*

Vielfalt der Inhaltsstoffe in Bienenhonig im Vergleich zum Haushaltszucker

derum für viele Stoffwechselprozesse in unserem Körper erforderlich sind. In jüngster Zeit werden immer mehr Studien zum Honig durchgeführt, weil für viele nicht nachvollziehbar ist, warum Honig tatsächlich so positive Wirkungen auf den Körper hat. Dabei betonen zahlreiche Forscher, dass davon auszugehen ist, dass Honig aufgrund seiner komplexen Zusammensetzung und trotz seiner hohen Zuckeranteile anders im Körper wirkt als Haushaltszucker.

Über Jahrtausende hinweg hat der Mensch mit seinen naturheilkundlichen Anwendungen bereits die positive Wirkung des Honigs gezeigt.

Erhitzter Honig

Honig verliert durch Erhitzung nicht seine heilsame Wirkung und somit auch nicht als Lebensmittel. Hitze verändert die Zusammensetzung der Inhaltsstoffe, wie bei jedem anderen Lebensmittel auch. Honig behält dennoch seine positive Wirkung auf unseren Körper. So wird durch die Erhitzung die Glucose-Oxidase ausgeschaltet. Dieses Enzym bildet kontinuierlich kleine Mengen Wasserstoffperoxid (H_2O_2), dessen heilende Wirkung in der Behandlung von schwer heilenden Wunden eine zentrale Rolle spielen kann. Deshalb wird für die Wundheilung auch der rohe Honig verwendet.

Der goldene Honig kann, roh oder erhitzt, innerlich als Lebens- oder als Heilmittel stärkend und heilend eingesetzt werden; aber auch bei äußerlichen Anwendungen wirkt Honig nährend und heilend.

Nicht hitzeresistent sind vor allem Enzyme, Proteine und manche Vitamine. Hitzeresistent sind hingegen Antioxidanzien, Kohlenhydrate, Mineralstoffe, bestimmte Vitamine, Aminosäuren und bakterienhemmende Inhaltsstoffe.

Zusätzlich erhält der Honig bei der Erhitzung noch den neuen Wirkstoff Hydroxymethylfurfural (kurz HMF) hinzu. Hierbei handelt es sich um eine pharmakologisch wirksame Verbindung, die bereits 2011 durch das Bundesinstitut für Risikobewertung als unbedenklich eingestuft wurde. Vielmehr wird die antioxidative, antiallergische, entzündungshemmende, die anti-hypoxische (die Sauerstoffversorgung optimierende) und anti-hyperurikämische (harnsäuresenkende) Eigenschaft in den Fokus gestellt. HMF wird ein signifikanter Anstieg der antioxidativen Wirkung im Honig zugeschrieben und macht ihn damit zu einem sehr guten Radikalfänger.

Wirkspektrum des Honigs (unvollständig)

Antioxidativ - Barriere gegen Sauerstoff, Bakterien etc. - antibakteriell - entzündungshemmend - antiseptisch - wundheilend - antioxidativ - verdauungsfördernd - absorbiert wasserlösliche Toxine - emulgierend - reinigend - nährend - antiviral - pilzhemmend - antiparasitär - zellstärkend - gewebsstärkend - organstärkend - fördert die nützliche Darmflora - aufbauend - erweichend - blutdruckregulierend - herzstärkend - antitumoral - immun-, leber-, herz- und verdauungsstärkend - verdauungsregulierend - tonisierend

Bienenbrot (auch Perga genannt)

Bienenbrot ist der im Bienenstock eingelagerte Pollen der Blüten. Hierbei nehmen die Stockbienen den Pollen von den Flugbienen ab, mischen ihn mit Wachs, Honig und eigenen Sekreten und stampfen ihn in

Die Bienen lagern im Oktober noch frischen Pollen in die Wabenzellen ein als Vorrat für den Winter

Bienenbrot gehört zu den ältesten „Nahrungsergänzungsmitteln" der Natur, das sich der Mensch zunutze gemacht hat.

die Wabenzellen ein. Bienenbrot wird als Eiweißnahrung für die Brut gebraucht. Bereits vor Tausenden von Jahren haben die Menschen aus wildlebenden Bienenstöcken dieses Bienenbrot bei der Honigernte mit den entnommenen Honigwaben mit geerntet. Es wurde wie der Wabenhonig damals naturbelassen mit der ganzen Wabe verzehrt.

Bienenbrot-Ernte

Der Imker kann den von den Bienen eingelagerten Pollen in den Waben sehr gut ernten, da keine vorherige Pollenfalle angebracht werden muss. In der Wabe ist das Bienenbrot von den Bienen bereits konserviert. Die Wabe mit dem Bienenbrot wird ausgeschnitten. Der Imker wird an einigen Tagen im Frühling oder Frühsommer die Ernte durchführen oder dann, wenn er sowieso die Bienenvölker kontrolliert. Der Aufwand ist im Vergleich zur Pollenfalle viel geringer.

Lagerung und Einkauf

Bienenbrot kaufen Sie am besten beim örtlichen Imker frisch ein oder sprechen ihn an, dass er für Sie Bienenbrot erntet. Bienenbrot ist bereits von den Bienen getrocknet, jedoch enthält es noch Wasseranteile und sollte sehr kühl gelagert und rasch aufgebraucht werden. Wenn Sie die Möglichkeit haben, frisches Perga in etwas größerer Menge zu erhalten, ist es besser, dieses in kleine Portionen zu teilen und im Tiefkühlschrank zu konservieren, um es zu einem späteren Zeitpunkt zu verwenden.

Frisches Bienenbrot in der Wabe und getrocknetes Perga

Wenn möglich, ist frisches Bienenbrot vom Imker bei Ihnen in der Nähe immer die beste Bezugsquelle.

Es besteht aber auch die Möglichkeit, Bienenbrot im Honig zu konservieren. Hierzu zerstampfen Sie das frische Bienenbrot in der Wabe und rühren es unter einen flüssigen Honig. Oben wird das Glas mit Honig noch komplett aufgefüllt. Der gemischte Honig ist dunkel und kühl zu lagern.
Mittlerweile kann man auch getrocknetes Perga in gut sortierten Naturkostläden, Reformhäusern oder beim Imker im Online-Einkauf erwerben.

Oft unterschätztes Kraftpaket

Bienenbrot ist ein sehr wertvolles Produkt aus dem Bienenstock. Es ist heute bei uns wenig bekannt und wird bisher nur in einzelnen Büchern erwähnt. Selbst Imker sind vorwiegend auf den Honig konzentriert und vergessen eventuell die Ernährungsmöglichkeiten und Heilwirkungen des Bienenbrots. Wichtig ist bei der Ernte – genauso wie beim Honig –, dass nur das geerntet wird, was zu viel ist. Deshalb wird Bienenbrot/Perga vorwiegend im Frühling oder Frühsommer geerntet, weil das Nahrungsangebot zu dieser Zeit sehr hoch ist. Die Blütenpracht im Frühling übertrifft den eigenen Bedarf der Bienen an Pollen. Die Zusammensetzung von Bienenbrot kann, wie beim Pollen, auch aufgrund der unterschiedlichen Blütenangebote in der Natur leicht schwanken.

Wirkung von Bienenbrot/Perga

Die Wirkung und die Einsatzmöglichkeiten von Perga oder Bienenbrot sind von der Grundstruktur gleichzusetzen mit der des Pollen. Jedoch hat das Bienenbrot aufgrund der Weiterverarbeitung im Bienenstock noch einige Vorteile gegenüber dem Pollen.

Man kann sagen, dass Bienenbrot der aufgepeppte Pollen ist, weil er durch die Weiterverarbeitung verbessert wird. Die Bienen geben noch ihre eigenen Sekrete sowie Propolis und Wachs dazu und trocknen ihn.

Bienenbrot ist durch die Trocknung im Bienenstock noch intensiver als Pollen und schmeckt etwas säuerlicher. Auch die Wirkstoffe werden durch die Einlagerung noch intensiver.
Vom Bienenbrot benötigt man weniger als vom Pollen, auch als Nahrungsergänzung oder zur Unterstützung bei Krankheiten ist eine kleinere Dosis erforderlich.

- Bienenbrot/Perga ist stärker antibakteriell und antioxidativ als Pollen und daher etwas länger frisch im Kühlschrank haltbar.
- Die Verfügbarkeit der Inhaltsstoffe aus Bienenbrot/Perga soll für den Körper besser sein.
- Eiweiße aus Bienenbrot sind leichter zu verdauen und die Inhaltsstoffe besser aufzunehmen.
- Vitamin K und Folsäure sind in frischem Bienenbrot gut verfügbar.

Pollen

Im Bienenvolk gibt es unter den Flugbienen, die nach draußen gehen, die Pollensammlerinnen und die vorwiegend Nektarsammlerinnen. Die Bienen für den Pollen fliegen hierbei die Blüten an und sammeln aktiv den Pollen ein. Dabei durchwühlen sie die Blüte und deren Staubgefäße, in denen der Pollen eingelagert ist. Dieser Pollen wird dann aktiv mit Speichel und zusammen mit dem Pollen aus dem Haarkleid zu den Hinterbeinen geschoben. Dort entsteht so das sogenannte „Pollenhöschen". Es erscheint für den Betrachter meist wie eine kleine gelbe oder orange Kugel, die am Hinterbein klebt.

Wussten Sie, dass 1 Pollenhöschen bis zu 15000 Pollenkörner enthält?

Sammelbeobachtung

Bienen, die direkt für den Polleneintrag zuständig sind, können Sie wunderbar beobachten, wenn sie an solchen Blüten tätig sind, die für die Bienen nur Pollen, aber keinen Nektar zur Verfügung stellen. Die Mohnblume ist für die Bienen ein sehr schöner Pollenlieferant. Die Blüte wird von der Biene angeflogen, und kurz nach der Landung ist zu sehen, wie die Biene eifrig mit ihren Vorderbeinen die Staubbeutel richtig fest durchkämmt und durchwühlt. Die dabei freigesetzten Blütenpollen werden zügig eingesammelt und mit den Pollen, die sich im Haarkleid verfangen haben, zu den Hinterbeinen gekämmt. Hier wird alles zu den Pollenhöschen zusammengeklebt und die Biene kann die Mohnblüte in kürzester Zeit wieder mit einer schönen Pollenkugel am Hinterbein verlassen. Diese Beobachtung finde ich faszinierend. In der Mohnblüte, am frühen Vormittag, ist für das normale Auge bereits sehr gut sichtbar, wie schnell die Biene das Pollenhöschen füllen kann und wieder zurück in den Bienenstock fliegt. Auch die Farbe des Pollens aus der Mohnblüte ist faszinierend und schimmert im frischen Zustand in allen lila Schattierungen, wenn die Biene abfliegt.

Die Mohnblüte ist Pollenlieferant mit keinem bzw. geringem Nektarangebot. Die Biene holt hier den Pollen für die Brut

Aber auch die Nektarsammlerinnen unter den Bienen bringen Pollen mit nach Hause, da sich auch hier während des Blütenbesuchs der Pollen im Haarkleid verfängt und die Biene diesen Pollen zu den Hinterbeinen streicht und im Pollenhöschen zusammenklebt. Hier ist meistens das Pollenhöschen nicht ganz so rasch voll, weil die Biene vordergründig mit dem Nektarsammeln beschäftigt ist. Die Pollenmenge hängt hier ganz von der Blütensorte ab, also ob sie viel Blütenstaub hat oder eher weniger.

Eine Biene mit gelben Pollen fliegt am Sauerampfer von Blüte zu Blüte und holt den Pollen

Pollengewinnung

Für die Pollengewinnung setzt der Imker eine sogenannte Pollenfalle ein. Diese ist von den Bienen zu durchqueren und streift einen Teil der Pollen ab, sodass der Imker diesen in einem Behälter auffangen kann und für die frische Weiterverarbeitung erntet oder trocknet.

Erwerb und Konservierung von Pollen

Für frischen Pollen ist ein direkter Erwerb bei einem Imker in Ihrer Umgebung am sinnvollsten. Dadurch ist gewährleistet, dass die Inhaltsstoffe des Pollens noch am umfangreichsten vorhanden sind. Wenn Sie frischen Pollen erwerben können, ist dieser für die nächsten Tage im Kühlschrank gut lagerbar. Ansonsten können Sie den frischen Pollen auch in einen Honig einrühren und mit einer Honigschicht oben abdecken. Dieser Honig ist dann kühl und dunkel zu lagern. Die dritte gute Alternative, frischen Pollen zu konservieren, ist, wenn Sie den erworbenen Pollen in Eiswürfelbehälter abfüllen und im Tiefkühlschrank einfrieren. Dann können Sie übers ganze Jahr den frischen Pollen portionsweise auftauen lassen und verwenden. Selbst im nächsten Winter haben Sie dadurch eine gute Eiweißquelle und ein Kraftpaket für die Grippewelle.
Falls Sie vor Ort keinen Imker finden, der frischen Pollen verkauft oder die Pollenernte durchführt, können Sie auch in Reformhäusern, Bio-Läden, Bauernmärkten oder von Berufsimkern (Online-Bestellung) getrockneten Pollen erwerben. Wenn Sie ihn bei der Verwendung dann pulverisieren, können Sie den getrockneten Pollen wieder gut aufschließen und verwenden. Mit Honig eingenommen ist er noch besser verdaulich.

Mögliches Wirkspektrum von Pollen

Antioxidativ - antibakteriell - entzündungshemmend - immunstärkend - antikanzerogen - kräftigend - stimulierend bei Stress - zellregenerierend - organstärkend - kann Vitamin C länger im Körper halten - unterstützend bei Nebenwirkungen der Chemotherapie - blutdruckregulierend - hautregenerierende Wirkung

Inhaltsstoffe von Pollen

Die Inhaltsstoffe schwanken leicht, weil der Pollen ein Naturprodukt der einzelnen Blütenpflanzen ist. So ist nicht nur der Sammelplatz ausschlaggebend, sondern auch die Jahreszeit bedingt eine unterschiedliche Pollenzusammensetzung, die aus den Inhaltsstoffen der Blütenpflanzen bestehen.
Pollen enthält Kohlenhydrate, Proteine und Fette. Zusätzlich finden wir Mineralstoffe, Vitamine und viele sekundäre Pflanzenstoffe. Diese schützen die Pflanzen vor Schädlingen, Viren und Bakterien, wie z. B. einige Farb- und Bitterstoffe. Die Besonderheit von Pollen ist auch, dass er alle essenziellen Aminosäuren enthält. Das sind diejenigen Eiweißbausteine, die unser menschlicher Körper nicht selbst produzieren kann, sondern von außen über die Ernährung zuführen muss.

Aufnahme im Körper

Für eine gute Aufnahme im Körper ist es ratsam, Pollen regelmäßig in kleinen Mengen zu essen. Unser Verdauungstrakt passt sich an die regelmäßige Aufnahme von Pollen an. Die Verdauungssäfte mit den Enzymen und die Darmbakterien verändern sich, sodass der Pollen im Laufe der Zeit immer besser resorbiert werden kann. Dies gilt nicht nur für Pollen, sondern grundsätzlich für alles, was wir essen. Unser Verdauungstrakt passt sich unseren Essgewohnheiten an. Zusätzlich ist es gerade bei Pollen sehr wichtig, dass dieser gut gekaut wird. Die Verdauung beginnt bereits im Mund, und je besser die Pollen bereits im Mund aufgeschlossen und mit Speichel durchsetzt sind, umso besser können sie auf dem weiteren Weg verdaut und ihre Inhaltsstoffe resorbiert werden.

Propolis – natürliches Antibiotikum

Kittharz, Bienenharz oder Bienenkleber sind weitere Bezeichnungen von Propolis. Sie hat eine gummiartige, klebrige Konsistenz. Aufgrund der ca. 150 Millionen Jahre, die die Bienenvölker auf unserer Erde leben, gehört Propolis zu den ältesten natürlichen Antibiotika, die den Bienen und uns zur Verfügung stehen. Aufgrund der hohen Heilwirkung

Bienen verkitten die Zwischenräume der Stäbe mit Propolis. Diese kann vom Imker geerntet werden

befassen sich viele veröffentlichte Artikel mit den Vorzügen von Propolis als natürliches Antibiotikum mit antiviraler und antibakterieller Wirkung; sie besitzt auch parasitäre und pilzhemmende Eigenschaften.

Nutzen für die Honigbiene

In der natürlichen Umgebung eines Bienenvolks, also in einer Baumhöhle, sind die Wände rau und rissig. Die Honigbienen überziehen deshalb die komplette Baumhöhle mit Propolis, um sie zu sterilisieren. So schützt die Honigbiene ihre Brut vor schädlichen Einflüssen wie Bakterien, Viren und Pilzen, die über die Wände eindringen oder an den Wänden entstehen können. Propolis geht aufgrund der Rundum-Verkleidung der Wände und der Luftfeuchtigkeit auch in die Stockluft über und ist deshalb in der gesamten Raumluft eines Bienenvolks vorhanden; sie wirkt somit im gesamten Bienenstock sterilisierend. In der Abbildung sieht man, wie die Bienen die Zwischenräume des Propolis-Schieds der Bienenkugel mit Propolis auskleiden, damit der mikrobielle Schutz gewahrt bleibt. Selbst die gebauten Waben und Wabenzellen werden mikroskopisch fein mit Propolis überzogen, bevor das Ei der Königin gelegt wird, und selbst die Honigzellen und die Zellen, in denen der Pollen gelagert wird, sind mit Propolis überzogen. Auch der Deckel der Honigzellen hat einen Propolisüberzug. Die Biene, die im Sommer mit einigen Zehntausend Artgenossen im Bienenstock auf engstem Raum lebt, ist darauf angewiesen, dass sich keine Krankheitsherde bilden können – sie hat mit Propolis die besten Schutzmechanismen hierfür.

Biene mit ihrem Saugrüssel am Efeu

Propolis – eine Mischung aus Naturstoffen und Bienensekreten

Bienen sammeln an Bäumen und Knospen Harze. Diese pflanzlichen Stoffe vermengen sie mit eigenen Bienensekreten. Deshalb ist Propolis ein Unikat der jeweiligen Region mit seinen spezifischen pflanzlichen Inhaltsstoffen. Egal, woher Sie Propolis beziehen, es wird keine der anderen zu 100 % gleichen, sondern es werden bei Laboruntersuchungen immer minimalste Unterschiede feststellbar sein.

Anwendung von Propolis

Die Propolis enthält viele lebenswichtige Stoffe, die unsere Zellen im Körper schützen können. Sie wird in vielen Bereichen der naturheilkundlichen Medizin angewendet und ist sehr verträglich.

Propolis hat sehr viele Eigenschaften, die sich positiv auf die Gesundheit von Menschen und Tieren auswirken; sie kann bei Krankheiten helfen und unterstützend bei Behandlungen sein.

Bei äußerlicher Anwendung wirkt Propolis als mechanische Barriere gegen schädliche Einflüsse und wird deshalb auch gerne in Cremes, Salben und Lotionen verwendet. Sie hat Einfluss auf die UV-Lichtwirkung auf der Haut und schützt die Zellen an der Oberfläche. Sie wirkt blut- und körperreinigend, weil sie auch einige Giftstoffe binden kann, sie wirkt stoffwechselanregend und harntreibend und noch vieles mehr.

Propolis kann deshalb so hervorragend wirken, weil sich darin nicht nur eine einzige Substanz entfaltet, sondern die vielfältigen Inhalts-

Roh-Propolis

enthält über 1000 verschiedene Substanzen, z. B. Harz- und Balsamstoffe – Wachs – ätherische Öle aus den verschiedenen Blütenknospen – Pollen – Fettsäuren – Gerbstoffe – Sekretionen der Speicheldrüsen der Bienen – Vitamine – Mineralstoffe – Spurenelemente – Spuren essenzieller Aminosäuren und Enzyme.

stoffe zusammen in einer Synergie wirken und sich gegenseitig stärken und unterstützen. Sie liefert in komplexer Zusammensetzung das mit, was die Zelle und der Körper brauchen, um sie zu stärken und heilen.
Propolis kann Lebensmitteln beigefügt und als Roh-Propolis gelutscht werden. Als Therapie wird sie innerlich und äußerlich angewendet in Form von Kapseln, Trinkvariationen, Salben und Cremes.

Bienenwachs – mehr als Licht in der dunklen Jahreszeit

Es ist faszinierend, dass die Biene das Baumaterial für ihr Zuhause mit ihrem eigenen Körper produzieren kann.
Die junge Biene schwitzt die einzelnen Wachsplättchen aus den Wachsdrüsen am Hinterleib. Dazu benötigt sie vermehrt Honig. Durch Wärme, Kauen und Vermengen mit Pflanzenstoffen und Harzen wird es geschmeidig und lässt sich für den Bau der Waben und zum Verschließen der Wabenzellen verwenden. Es ist beeindruckend, wie filigran und doch

Propolis ist ein komplexes Naturprodukt, das den Körper nähren, stützen und heilen kann.

Propolis in Stücken und gemahlen – und nicht zu vergessen: Auch im Honig sind Spuren von Propolis, gerade wenn Wabenanteile mit dabei sind stabil die Waben sind, sodass die Wabenzellen die Brut und damit die Nachkommen beherbergen können. Auch für die Vorratshaltung sind die Wabenzellen geeignet. Für den Honig und den Pollen sind auch hier die filigranen Wabenzellen stabil genug und können immer wieder neu befüllt werden.

Das Bienenwachs wird von den Bienen nicht wie der Nektar in der Natur gesammelt, sondern sie stellen es selbst her.

Jungfräuliches Bienenwachs ist hell, fast weiß und wird mit jeder Einlagerung von Honig und Pollen, aber auch bei den Brutwaben dunkler, weil die Inhaltsstoffe von Honig, Pollen und den Resten der Brut in das Bienenwachs übergehen und es dadurch dunkler einfärben. Auch Propolis, mit dem die Wabenzellen überzogen werden, färbt das Wachs, weil auch deren Inhaltsstoffe ins Wachs diffundieren.

Die Bienen ketten sich zusammen und bauen das Wabenwerk mit dem Wachs aus ihren Wachsdrüsen

Viele kennen Bienenwachs vor allem von Bienenwachskerzen, die mit ihrem warmen Farbton und dem wohlriechenden Honigduft gerade im Winter unsere Wohnräume erhellen und mit einem wunderbaren Honigduft erfüllen.

Bienenwachs ist über Jahre haltbar und verbrennt rußfrei, wenn es von den ganzen „Beistoffen" wie Harzen und anderem gesäubert ist. Dadurch eignen sich Bienenwachskerzen besonders gut in Wohnräumen.

Bienenwachs kann aber noch mehr. Mittlerweile hat man im Bienenwachs über 300 Inhaltsstoffe identifiziert mit bis zu 50 verschiedenen Duftnoten, die innerlich und äußerlich auch unseren Körper positiv beeinflussen. Es wirkt hautschützend und -erweichend und ist bei Narbenbildung in Salben gut einsetzbar. Auch mit seiner antiseptischen und entzündungshemmenden Wirkung bereichert Bienenwachs bei Salben und Cremes diese zusätzlich. Bienenwachs ist hier gleichzeitig konsistenzgebend. Im Verdauungstrakt wirkt das Bienenwachs regulierend und beruhigend sowie entgiftend. Die Inhaltsstoffe können vom Körper aufgenommen werden, das Wachs selbst ist unverdaulich, regt jedoch auch die Darmtätigkeit an. Aufgrund der guten Wärmespeicherung setzt man Bienenwachswickel oder -auflagen zur lokalen Wärmebehandlung bei Erkältungen ein, aber auch zur Entspannung von Gelenken und Muskeln.

Als Lebensmittel für die innerliche Wirkung können wir Bienenwachs sehr praktisch und gut mit Wabenhonig aufnehmen und erhalten dabei die gesundheitsfördernden Bestandteile des Wachses mit Honig, Propolis und Pollen mitgeliefert. Vom Imker ist der Wabenhonig im Sommer sehr gut frisch zu beziehen. Auch Honig mit Wabenanteilen oder der „Wikingerhonig" (vgl. Definition S. 73) enthalten Bienenwachsanteile und können das ganze Jahr genossen werden. Sprechen Sie Ihren Imker in der Umgebung darauf an. In gut sortierten Naturkostläden oder auf Bauernmärkten werden oft verschiedene Wabenhonig-Varianten angeboten.

Gelée Royale – der Jungbrunnen der Königin im Bienenvolk

Das Gelée Royale stellt die Arbeiterbiene in zwei ihrer Kopfdrüsen her. Es wird also nicht von außen in den Stock getragen wie Pollen oder Nektar. Um diesen Stoff produzieren zu können, benötigen die Bienen frischen Pollen bzw. Bienenbrot und Honig. Das Futter der Königin enthält viele Substanzen, die vitalisierend und erneuernd auf unsere Zellen wirken und diese nähren. Gelée Royale ist wie ein Jungbrunnen auf unsere Zellen. Es wird nicht in der Wabenzelle gespeichert, sondern nur direkt von der Biene an die Brut in den einzelnen Wabenzellen verteilt. Eine Einlagerung wie bei Honig oder Pollen auf Vorrat erfolgt nicht.

Gelée Royale besitzt viele positive Eigenschaften, die auch für unsere Gesundheit förderlich sind. Es ist ein reichhaltiges Nahrungsergänzungsmittel, ein natürliches Heilmittel und wird von Apitherapeuten (Mediziner oder Heilpraktiker, die Bienenprodukte mit in die Behandlung einbeziehen) eingesetzt.

Gelée Royale kann als Nahrungsergänzungsmittel eingenommen werden.

Gelée Royale kann bei der Aktivierung der Stammzellen unterstützend mitwirken, bringt Wärme in den Körper und wirkt positiv auf die Sauerstoffversorgung in der Körperzelle. Es hat antivirale, antibakterielle und pilzhemmende Eigenschaften und kann positiv auf die Geschlechtsorgane wirken.

Linke Seite: Wenn wir Wabenhonig essen, nehmen wir die gesundheitsfördernden Inhaltsstoffe aus dem Bienenwachs auf

Die reine Ernährung mit Gelée Royale verändert eine Bienenlarve zur Königin

Interessant ist auch, dass mit Gelée Royale bestimmte Gene der Biene aktiviert werden. Nur durch die Fütterung der Biene und Bienenlarve mit Gelée Royale entwickelt sich eine Königin. Wird die Larve mit Bienenbrot und Honig ernährt, wird daraus eine Arbeiterin.

Weil Gelée Royale vor Lichteinflüssen und Wärme geschützt werden soll, lässt es sich gut in einem Blütenhonig konservieren; dadurch ist es vor Sauerstoffoxidation geschützt. Der Honig sollte jedoch keinen höheren Anteil als 2–5 % an Gelée Royale haben, da sonst der Wassergehalt des Honigs beeinflusst wird.
Am besten bezieht man Gelée Royale im Frühjahr frisch vom Imker aus der Umgebung. Es kann aber auch alternativ über Online-Bestellung bei Berufsimkern bezogen werden. Pur wird es gekühlt verschickt, damit die Qualität nicht darunter leidet, weil Wärme den Inhaltsstoffen schadet.

Bienengift

Bienengift kann für Allergiker gefährlich sein. Gleichzeitig ist Bienengift für unseren Körper aber ein hervorragendes natürliches Heilmittel mit großer Bandbreite.

Persönliche Erfahrung mit Bienengift und Bienenstich

Obwohl ich selbst nicht direkt allergisch reagiere, war ich doch überempfindlich bei Bienenstichen. Die Schwellung, das Hitzegefühl und der Juckreiz hielten sich bei mir über mehrere Tage. Ich hatte großen Respekt den Bienen gegenüber, gleichzeitig faszinierten sie mich aber auch. Bei einer Reise nach China besuchte ich mit meinem Mann in Peking eine Apitherapie-Klinik (eine Klinik, die Patienten mit Bienenprodukten behandelt). Vorwiegend wurden in dieser Klinik Bienenstiche eingesetzt. Die Patientin, die wir kennenlernen durften, erhielt gerade an einigen Meridianpunkten eine Akupunktur. Es wurden vom Kopf bis zum Fuß Bienenstiche an bestimmten Punkten angesetzt. Ich litt bereits bei jedem Bienenstich, den der Arzt ansetzte, mit ihr mit. Sie selbst war in diese Klinik gekommen, weil sie neurologische Beschwerden hatte und die Muskulatur in ihrem kompletten Körper lahmgelegt war. Die Ärzte konnten ihr seit mehr als einem Jahr nicht helfen und bereiteten sie auf ein Leben in einem Rollstuhl ohne Zuversicht auf Besserung vor. Ein Leben allein in einer Wohnung war für sie mit Anfang 30 nicht mehr möglich, weil ihre Beweglichkeit zu weit eingeschränkt war.

Zwei Bienenstiche in der Hand des Imkers beim Schwarmeinzug in die Bienenkugel

Bienengift hilft bei vielen Erkrankungen nicht von heute auf morgen. Aber mit Geduld ist vieles erreichbar – gerade wenn es sich um chronische, langwierige Erkrankungsbilder handelt.

Erst nach Beginn der Behandlung mit den Bienenstichen vor über einem halben Jahr zeigten sich erste Erfolge. Dabei ist zu bemerken, dass in den ersten Monaten einige Dutzend Bienenstiche wöchentlich angesetzt wurden. Natürlich spürte sie jeden einzelnen Stich, der unter die Haut kam. Aber jetzt konnte sie wieder ihre Wohnung eigenständig verlassen und war im Alltag nicht mehr auf fremde Hilfe angewiesen. Ihr Befinden wurde von Woche zu Woche besser. Das allein bewog sie dazu, die Schmerzen der Bienenstiche in Kauf zu nehmen, auch wenn noch ein langer Weg vor ihr liegt. Sie merkte, wie sie wieder ein Leben ohne Leiden und mit viel Freude vor sich haben könnte. Als sie uns ihre Geschichte erzählte, war das Strahlen in ihrem Gesicht zu entdecken, obwohl der nächste Stich vom Arzt schon wieder angesetzt wurde.

Für mich ist es heute noch beeindruckend, wenn ich diese Frau bildlich vor meinen Augen habe. Die Sichtweise auf einen Bienenstich hat sich für mich dadurch komplett geändert. Ich lasse mich zwar immer noch nicht gerne stechen, aber wenn ich von einer Biene gestochen werde, sehe ich es positiv und denke dabei, dass ich es wahrscheinlich gerade benötigt habe, um meine Gesundheit zu erhalten. Sonst hätte mich die Biene sicherlich nicht gestochen.

Ich wünsche jedem, dass er auch diese Einstellung bekommen kann, damit die Biene als das gesehen werden kann, was sie ist: Sie ist zum Wohle für die Natur auf dieser Erde und wir sind ein Teil der Natur. Begegnen wir ihr mit Freude und Respekt und helfen ihr über die Zeit, so wie sie uns weiterhin wohlwollend begleiten wird.

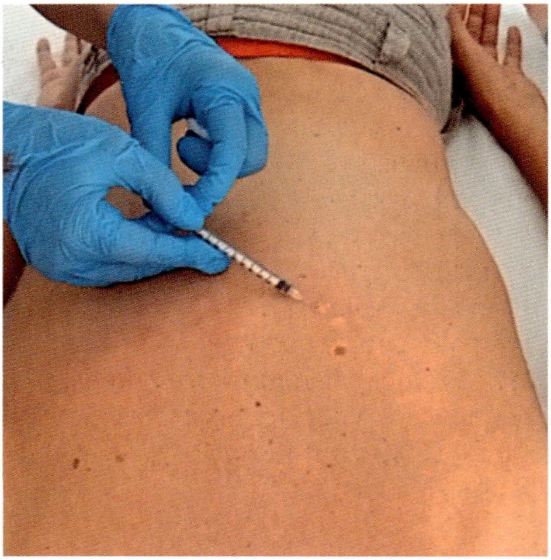

Ein Therapeut injiziert Bienengift mit der Spritze unter die Haut. Man sieht sehr gut die Pusteln, die sich durch das Bienengift bilden

Bienengift in der Anwendung

Schon lange setzt man Bienengift für die Behandlung bei Erkrankungen ein. Bisher wurde dabei die Biene gefangen und auf die behandelnde Stelle angesetzt. In asiatischen Ländern setzen Therapeuten die Biene auch auf die Meridianpunkte, damit der Stich wie bei einer Akupunktur die Wirkung auslöst mit einer Verstärkung durch das Bienengift.
Heute kann man Bienengift gewinnen, ohne dass die Biene dabei stirbt. Sie gibt auch nur einen Teil ihres Gifts ab und fliegt dann weiter. Das gesammelte Bienengift wird aufbereitet und flüssig oder getrocknet für die Behandlung zur Verfügung gestellt. Ärzte und Therapeuten verwenden das Bienengift für die Behandlung mit Cremes, Spritzen oder Infusionen. Gerade Bienengiftcremes sind für die äußerliche Anwendung sehr gut verträglich und können zu Hause von jedem genutzt werden. Selbst die Homöopathie setzt Bienengift zur Behandlung ein.

Bienengift und Allergie

Wer Bienengift verwenden möchte, sollte vor der Anwendung einer Bienengiftcreme erst an einer kleinen walnussgroßen Stelle ausprobieren, ob die Creme verträglich ist. Wenn keine außergewöhnliche Reaktion hervorgerufen wird, kann sie großflächiger angewendet werden. Wobei gerade gute Cremes oft auch von Menschen vertragen werden, deren Körper überempfindlich auf Bienengift reagieren.

Wirkung von Bienengift

Bienengift hat in der Apitherapie (Behandlung mit Bienenprodukten) einen großen Stellenwert, weil die Erfolge für sich sprechen. So wird Bienengift gerade bei chronischen Erkrankungen eingesetzt, wie z. B. Arthrose, Rheuma, Multipler Sklerose oder Lumboischialgie, und die Patienten verspüren eine Besserung. Entzündliche Erkrankungen lassen sich damit ebenfalls positiv beeinflussen. Es kann den Herzkranzgefäßen, Arterien und Venen helfen und die Durchblutung fördern. Bienengift wirkt regulierend bei Muskelverspannungen, es greift unterstützend ein bei Erkrankungen, die durch Bakterien, Viren, Pilze oder Parasiten hervorgerufen werden. Es aktiviert den Stoffwechsel und hilft bei Sauerstoffmangel, weil es sich reinigend aufs Blut auswirkt und die Kapillaren durchgängiger macht, was die Nährstoffversorgung des angrenzenden Gewebes und den Abtransport der Abfallstoffe verbessern kann. Es gibt noch viele weitere positive Eigenschaften, die Bienengift mitbringt. Hierzu ist es jedoch erforderlich, einen Arzt oder Therapeuten heranzuziehen, da eine Verabreichung von Bienengift zur Behandlung von Krankheiten nur durch Fachpersonal nach Diagnosestellung erfolgen darf.

Für die Bienengift-Therapie ist bei Erkrankungen ein Therapeut heranzuziehen, damit die Dosierung und Häufigkeit bezogen auf die Diagnose überwacht werden kann.

Bienenstich – was ist zu tun

Wenn Sie von einer Biene gestochen werden, ist meistens nicht nur der Stachel mit seinen Widerhaken in Ihrer Haut verankert. Auch die Giftblase hängt in der Regel noch am Stachel. Bitte entfernen Sie deshalb den Stachel, indem Sie von der Seite mit dem Fingernagel über die Haut fahren und den Stachel mit der Giftblase seitlich entfernen. Denn nehmen Sie die Giftblase zwischen die Finger, um den Stachel herauszuziehen, werden Sie das restliche Bienengift im Augenblick des Entfernens vom Stachel unter Ihre Haut drücken und Sie erhalten beim Herausziehen des Stachels eine Extraportion Bienengift in Ihren Körper.

Entfernen Sie den Stachel immer seitlich, ohne die Giftblase zu drücken.

HONIGARTEN

Am bekanntesten ist der geschleuderte Honig. Er ist in verschiedenen Farbschattierungen beim Imker erhältlich. Jedoch sind auch weitere Honigernten möglich und werden immer mehr nachgefragt. Manche Honige wie den Heidehonig kann man meistens nicht schleudern. Deshalb möchte ich hier auch verschiedene Möglichkeiten erklären, weil jeder Honig seine Vorteile mit sich bringt.

Geschleuderter Honig

Mit Beginn der Industrialisierung vor ca. 200 Jahren wurde es möglich, für die Bienen, die zuvor in Baumhöhlen bzw. Strohkörben gelebt haben, aus Brettern eckige Bienenbeuten zu bauen.
Die Erfindung der Honigschleuder von Francesco De Hruschka im Jahre 1865 und die Umstellung der Imkerei auf Wabenrähmchen, die dem Bienenvolk entnommen werden können, sowie der Einsatz von künstlich hergestellten Wachsmittelwänden ermöglichen es, den Honig zu schleudern. Die Rähmchen können aus dem Bienenvolk entnommen und geschleudert werden. Anschließend werden die leeren Rähmchen wieder in die Beute eingehängt, sodass diese wieder von den Bienen mit Honig gefüllt werden können. So müssen die Bienen nicht erneut die Wachszellen für die Honigeinlagerung neu bauen und die Imker können die sogenannten Honigrähmchen über Jahre immer wieder verwenden.
Im Frühjahr, in der Regel wenn die Kirschblüte beginnt, hängt der Imker die Rähmchen in das Bienenvolk. Sind die Rähmchen dann mit Honig gefüllt, werden diese wieder entnommen. Dabei muss der Imker darauf achten, dass der Honig nicht zu feucht ist (weniger als 18 bis 19 % Wassergehalt), sonst fängt er an zu gären. Der Vorgang muss jedoch rechtzeitig erfolgen, bevor der Honig in der Wabenzelle kristallisiert und nicht mehr geschleudert werden kann.
Obwohl heute weltweit ca. 99 % der Honigernten geschleudert werden, gibt es auch noch andere Möglichkeiten.

Der geschleuderte Honig hat keine großen Propolis-, Wachs- oder Bienenbrotanteile mehr; er ist in der Bevölkerung am bekanntesten.

Der geschleuderte Honig hat so gut wie keine Bestandteile von Pollen oder Propolis mehr

Gepresster Honig

Im Mittelalter war bei der Bienenhaltung nicht die Honiggewinnung das Ertragsziel, sondern das wertvolle Bienenwachs. Bienenwachs fand Verwendung in Form von Kerzen und Fackeln für die Beleuchtung der Kirchen, Schlösser und Klöster. Bienenwachs wurde gehandelt wie Gold und Silber. Aus heutiger Sicht war Bienenwachs damals ein nachhaltiges Währungsmittel.

Um möglichst viel Bienenwachs von den Bienen ernten zu können, war die Imkermethode danach ausgerichtet. Die mit Honig gefüllten Wachswaben wurden in Pressen gegeben, ähnlich den heutigen kleinen Obstpressen. Auf diese Weise wurde das Wachs vom Honig getrennt. Das Wachs wurde an den Kerzenzieher verkauft. Der Honig wurde als einziges tägliches Süßungsmittel verwendet. Er enthielt durch die Pressung und eventuell fehlende Feinsiebung noch mehr Bestandteile von Wachs, Bienenbrot und Propolis. Die Imker verkauften ihn an die Bäckereien, die damit ihre Lebkuchen süßten.

Aber auch heute wird diese Methode noch angewandt, wie z. B. bei der Ernte von Heidehonig, weil dieser schwer zu schleudern ist.

Der Wabenhonig wird aus dem Rähmchen ausgeschnitten und kann in einem Glas oder einer Glasbox mit Deckel aufbewahrt werden

Wabenhonig – Scheibenhonig

In arabischen Ländern ist der Wabenhonig begehrt, da man sich so sicher sein kann, keinen gefälschten oder gepanschten Honig zu bekommen. Auch bei uns in Europa wird Wabenhonig immer beliebter, da es sich um einen voll verdeckelten und gereiften Honig handelt, der geschmacksintensiver als geschleuderter Honig ist. Er liefert auch Anteile an Bienenwachs, Propolis und Bienenbrot mit, was aufgrund der gesundheitswirksamen Inhaltsstoffe Vorteile für die Ernährung mit sich bringt.

Die Ernte ist einfach: Man schneidet die Wabe mit dem Messer aus dem Rähmchen und füllt die Wabenstücke in ein Glas ab.

Wabenhonig kann auch als gesunder Kaugummiersatz für Kinder verwendet werden.

Wikinger- oder Stampfhonig

Die Bienen lebten zur Zeit der Germanen noch in Baumhöhlen in den Urwäldern. Aus der Geschichtsschreibung der Römer geht hervor, dass die Germanen viel Met bzw. Honigwein tranken. Auch der Honig selbst wurde gegessen.

Bereits die Wikinger haben Honig geerntet und Wabenhonig und Bienenbrot vermischt. Eine Trennung erfolgte damals noch nicht unbedingt

Die geernteten Honigwaben bestanden aus Bienenwachs, Honig, Bienenbrot und geringem Anteil von Propolis-Überzug. Sie wurden in Holzfässer oder Tontöpfe eingestampft und mit einem Deckel verschlossen.

Von dem Stamm der Wikinger ist bekannt, dass sie mit ihren Schiffen bis Amerika fuhren. Als Proviant hatten sie den in Holzfässern gestampften Honig mit Bienenbrot dabei. Durch die Lagerung in Holzfässern war der Inhalt vor Wasser sowie vor UV-Strahlung geschützt. Da Bienenbrot unter vielen anderen tollen Lebensstoffen auch Vitamin C enthält, waren die Menschen an Bord vor Skorbut (Vitamin-C-Mangel) geschützt.

Auch heute ist der Stampfhonig oder Wikingerhonig eine der nahrhaftesten Möglichkeiten, Honig zu genießen, weil man wieder alle Bestandteile im Glas hat. Fragen Sie Ihren Imker in der Umgebung, ob er für Sie einen Stampfhonig ernten kann. Dadurch haben Sie einen wunderbaren Brotaufstrich und eine süße Nascherei.

Der Stampfhonig mit Honigwabe und Bienenbrotwabe wird aus dem Rähmchen geschnitten, die Waben werden anschließend mischend zerstampft und dann in Gläser abgefüllt

Wildpflanzen sind für Wild- und Honigbienen eine essenzielle Nahrungsquelle.

Borretsch ist eine Wildpflanze, die sich in jedem Garten gerne vermehrt, eine Nektarquelle für die Biene und essbar für uns.

Essbare Bienenweide mit Honig & Co.

„Sei Du selbst die VERÄNDERUNG, die Du Dir wünschst für diese Welt." (Gandhi)

Die Blütenvielfalt hilft der Honigbiene genauso wie der Wildbiene

Insekten an einer Buchweizenblüte – a) Hornisse

Mit nur wenigen Lebensmitteln, die wir wieder mehr in unsere tägliche Ernährung einbinden sollten, können wir bereits eine Veränderung, hin zu mehr Blühflächen, herbeiführen. Eine von vielen möglichen Lösungen, an denen sich jeder von uns sofort beteiligen kann.

Auf den nachfolgenden Seiten finden Sie erste Anregungen mit Buchweizen, Süßlupine, Maronen, Ölen und mehr aus unserer Region. Beginnen Sie einfach mit einem Lebensmittel, das Ihnen guttut und gleichzeitig die Wild- und Honigbiene ernährt.

Nehmen Sie diese Rezepte als Anregungen für Ihre eigenen Kreationen.

Über ein Drittel der heimischen Ackerflächen besteht z. B. aus Getreide. Dies ist so geworden, weil auch unsere Ernährung zu einem großen Teil aus Getreideprodukten zusammengestellt ist – sei es im Brot, in Backwaren, Nudelgerichten oder auch in Fertiggerichten. Viele Menschen haben bereits ein Problem mit Getreide und merken dies bei der Verdauung („Blähbauch").

Getreideackerflächen sind Wüsten für die Bienen, weil sie dort keine Nahrung finden. Mit einer Umstellung z. B. auf Buchweizen als Getreideersatz oder bei vielen Backwaren auch als Ergänzung zum Getreide können Sie dazu beitragen, dass z. B. wieder

b) Blattwanze

c) Zweiflügler/Fliege

mehr Buchweizenfelder entstehen, weil der Landwirt für dieses Produkt auch einen Absatz findet und davon leben kann. Damit helfen Sie den Wild- und Honigbienen und allen anderen Insekten, dass auch im Hoch- und Spätsommer noch genügend Nahrungsquellen vorhanden sind. So finden von Juli bis September viele Insekten Nahrung in einem Buchweizenfeld (Abbildungen a bis c).

Es geht nicht darum, dass wir alles auf einmal verändern müssen, sondern dass wir Schritt für Schritt eine Veränderung herbeiführen und zwar gemeinsam. Es bringt uns wenig, wenn wir uns gegenseitig den „Schwarzen Peter" zuschieben und letztlich auf der Stelle treten. Wenn wir genügend Nahrungsangebot für die Honigbiene haben, werden wir auch weiterhin gute Bienenprodukte nutzen können, die ebenso für die Bienen wie auch für unsere Gesundheit wichtig sind. Diese Schätze aus dem Bienenstock sind eine wahre Bereicherung für unsere Gesundheit.

Eine gesunde Ernährung mit gesunden Lebensmitteln für uns selbst und die Insekten hilft allen einen kleinen Schritt weiter in Richtung Insektenvielfalt und Biodiversität.

Viel Spaß beim Ausprobieren!

BEZUGSQUELLEN DER BIENENPRODUKTE

Honig	Imker vor Ort; sehr gut erhältlich – Direktvermarktung von Hofläden – Reformhaus – Naturkostladen – Supermärkte haben auch oft Honige von regionalen Imkern – bestimmte Sortenhonige evtl. über Online-Bestellung bei Berufsimkern, die mit ihren Bienenvölkern wandern
Bienenbrot (frisch/ gefroren/ getrocknet)	Imker vor Ort; sehr gut im Frühjahr und Frühsommer erhältlich – Direktvermarktung in Hofläden – Reformhaus – Naturkostladen – Online-Bestellung (hierbei ist darauf zu achten, dass es Imkerqualität ist; frisches Bienenbrot sollte gekühlt versandt werden oder Bienenbrot/Perga getrocknet)
Pollen	Imker vor Ort – Bauernmärkte – Direktvermarktung in Hofläden – Reformhaus – Naturkostladen – Online-Bestellung (von Berufsimkern sind Pollen frisch und getrocknet erhältlich)
Roh-Propolis	Imker vor Ort; sehr gut erhältlich – Direktvermarktung in Hofläden – Reformhaus – Naturkostladen – Online-Bestellung
Bienenwachs	Imker vor Ort; sehr gut erhältlich – Direktvermarktung in Hofläden – wird von Imkern auch bei Online-Bestellung versandt
Gelée Royale	Im Frühling und Frühsommer vom Imker vor Ort oder vom nächsten Berufsimker in der näheren Umgebung – Online-Bestellung (es sollte eine gekühlte Versendung gewährleistet sein für frisches Gelée Royale) – Online-Bestellung für Honige mit Gelée-Royale-Anteil ist auch möglich
Bienengift	Ist nur für Apitherapeuten erhältlich mit medizinischer Ausbildung und wird auch nur gezielt bei einer Erkrankung direkt vom Therapeuten/Arzt eingesetzt

Wenn Sie frisches Bienenbrot oder frischen Pollen vom Imker direkt aus dem Bienenstock erhalten, sinc diese im Kühlschrank zu lagern oder bei größeren Mengen im Gefrierfach aufzubewahren.

Gelée Royale ist im Kühlschran oder im Gefrierfac aufzubewahren.

BASICS FÜR DIE KÜCHE

Bienen-Würze

Mit diesen drei Basismischungen – Propolis-Salz, Propolis-Pfeffer und Nusshonig – in Ihrem Küchenschrank haben Sie bereits Propolis, Pollen und Honig im täglichen Einsatz und Ihr Körper kann sich bereits in kleinen Dosen an die Bienenprodukte gewöhnen. Dadurch unterstützen Sie bereits Ihre Darmflora und den Verdauungstrakt.

Propolis-Salz

Zutaten

100 g grobes Natursalz

1 TL Propolis pulverisiert

Zubereitung

Das Natursalz und die Propolis in eine Salzmühle abfüllen und für den täglichen Gebrauch verwenden. Würzen Sie Ihre Speisen mit diesem Salz am Schluss vom Kochvorgang, wenn Sie die Gerichte bereits von der Herdplatte genommen haben. Auch auf dem Tisch bietet sich eine Salzmühle mit Propolis an.

Propolis-Pfeffer

Zutaten

100 g Pfefferkörner

1 TL Propolis pulverisiert

1 TL Pollen pulverisiert

½ TL Natursalz

Zubereitung

Die Pfefferkörner nochmals in der Pfanne anrösten, damit die Aromen wieder aktiviert werden. Auskühlen lassen und Propolis, Pollen und Natursalz in eine Pfeffermühle abfüllen und für die kalte Anwendung am Tisch oder zum Würzen verwenden, wenn die Gerichte bereits von der Herdplatte oder aus dem Backofen genommen worden sind. Mit dem Pollen ist eine Verwendung ohne Erhitzen sinnvoll.

Nusshonig

Zutaten

200 g Blütenhonig oder Waldhonig/Buchweizenhonig

100 g Nüsse nach Wahl

1 Msp. Propolis-Salz aus der Mühle

Zubereitung

Nehmen Sie 2 EL Honig und karamellisieren Sie die Nüsse damit. Streichen Sie die Nüsse dünn auf ein Backpapier und lassen sie komplett auskühlen. Mixen Sie die Nussmischung und rühren sie mit dem Salz in den Honig ein.
Füllen Sie alles in ein Schraubglas und verwenden Sie den Honig für Ihr Müsli oder Joghurt. Aber auch einfach einen Teelöffel naschen oder aufs Brot am Morgen bringt Freude in den Tag.

Bienen-Knabbereien

Der Energiespeicher im Vorratsschrank! Man weiß nie, wann wieder die Nervenzellen unverhofft Unterstützung brauchen.

Zutaten

500 g Kernmischung (Walnüsse, Cashewkerne, Sonnenblumenkerne, Kürbiskerne usw.)

6 EL braunen Honig (Waldhonig, Buchweizenhonig, Kastanienhonig – etwas bitter)

1 EL getrocknete Gewürze (Rosmarinnadeln, Pfefferminze, Orangenabrieb getrocknet)

etwas Propolis-Salz (vgl. S. 79)

1 EL Bienenbrot getrocknet, pulverisiert

Fortsetzung auf der nächsten Seite ▶

Zubereitung
Die Kernmischung mit dem Honig und den getrockneten Gewürzen vermischen. Die Mischung auf einem Backblech mit Backpapier gleichmäßig verteilen. Im Backofen bei 150 °C ca. 10–20 Minuten rösten.
Auf einem separaten Backpapier die Mischung auskühlen lassen und anschließend mit dem Propolis-Salz und dem Bienenbrotpulver würzen. In ein Schraubglas luftdicht abfüllen.
Der nächste Spieleabend mit Kindern und Freunden steht an und man braucht noch Nervennahrung. Aber auch für unterwegs und bei Wanderungen ist diese Bienen-Knabberei eine gute Alternative, um wieder Energie zu tanken.

Blütenstaub-Crunchy

Wenn wir kleine Mengen Pollen regelmäßig essen, dann können wir die Darmbakterien wieder ins Gleichgewicht bringen.

Zutaten
- 100 g Haferflocken
- 100 g Haselnüsse
- 1-2 EL Butter
- 150 g Blütenhonig
- 1-2 EL Buchweizenmehl
- 50 g Pollen
- 1 TL Zimt
- ½ TL Bourbon-Vanille

Zubereitung
Die Haselnüsse fein hacken. Butter in einer Pfanne zerlassen und die Haferflocken leicht anrösten. Die Haselnüsse dazugeben und leicht mitrösten lassen. Den Blütenhonig dazugeben und den Honig karamellisieren lassen. Zum Abbinden noch etwas Buchweizenmehl unterrühren.
Das Ganze auf Backpapier dünn ausstreichen und erkalten lassen.
Nach dem Erkalten alles wieder fein zerbröseln. Zimt, Bourbon-Vanille und Pollen einstreuen und vermischen. In ein Glas als Vorrat abfüllen.
Passt wunderbar zu Kräuterquark, Fruchtsalat, Porridge und vielem anderen und sollte immer griffbereit in der Küche stehen.

TRINKEN

Sauerhonig

Sauerhonig in seiner einfachsten Version (Oxymel simplex) ist bereits seit Jahrhunderten ein bewährtes Getränk und kann gerade auf nüchternen Magen für den beginnenden Tag den Verdauungstrakt reinigen und vitalisieren.

Zutaten

1 EL Blütenhonig

2 EL Apfelessig

½ Liter handwarmes Wasser

Zubereitung

In den ½ Liter Wasser Honig und Essig einrühren, bis sich alles aufgelöst hat.
Den Sauerhonig warm noch auf nüchternen Magen am Morgen trinken.

Gerade morgens auf nüchternen Magen bevorzugt der eine lieber den Essig als Säure und jemand anderes liebt die Zitrone für den Start in den Tag. Deshalb gibt es hier beide Varianten, die dem Verdauungstrakt helfen. Jeder kann sich selbst seinen Favoriten aussuchen oder aber auch abwechselnd verwenden.

Citrus-Erfrischung

Die Zitrone erfrischt morgens bereits das Gemüt und bringt Schwung in den Tag. Für unterwegs bringt es bei Wanderungen oder beim Sport wieder Leben in den Organismus.

Zutaten

1 Zitrone ausgepresst

1 EL Honig

½ Liter handwarmes Wasser

Zubereitung

In den ½ Liter Wasser Honig und Zitrone einrühren, bis sich alles gut aufgelöst hat.
Das Zitronenwasser noch warm auf nüchternen Magen trinken.

Bitterkraft für den Tag

Dieses Getränk unterstützt unsere Verdauung über den ganzen Tag mit den Bitterstoffen aus dem Löwenzahn und nährt unsere Zellen mit dem Pollen und dem Honig in idealer Kombination.

Zutaten

ca. 200 ml intensiven Löwenzahnwurzeltee

3 EL frische Blütenpollen (alternativ 2 EL pulverisierte getrocknete Blütenpollen)

100 g Kornblumenhonig, Buchweizenhonig oder Waldhonig

etwas frisch gepresster Zitronensaft

Löwenzahn ist eine besondere Pflanze, die vom zeitigen Frühjahr bis spät in den Herbst mit ihren Blüten, Blättern und Wurzeln für unsere Gesundheit günstig zur Verfügung steht. Selbst im Winter kann man die Wurzel frisch ausstechen, wenn der Tag frostfrei ist, und als Bitterstoff püriert in Salatsoßen einmischen. Dadurch wird unsere Verdauung auch im Winter angespornt.

Zubereitung

Wasser zum Kochen bringen und mit der Löwenzahnwurzel etwa 5 Minuten köcheln lassen, damit ein starker Teeauszug entsteht.

Wenn der Löwenzahnwurzeltee leicht handwarm ist, werden alle Zutaten miteinander vermischt und mit einem Liter Quellwasser oder gefiltertem Wasser aufgegossen.

Verwendung

Das Getränk über den Tag verteilt trinken, damit die Bitterstoffe wirken können. Gerne auch vor den Mahlzeiten, damit der Verdauungstrakt angeregt wird.

Löwenzahn, Nahrung auch für die Wildbiene

Blütenstaub-Energy

Dieses Getränk ist besonders für Sportler oder Senioren geeignet, weil sie eine höhere Energieaufnahme benötigen. Senioren können oft die Vitalstoffe aus den Lebensmitteln nicht mehr so gut resorbieren, sodass eine dichtere Nährstoffzufuhr mit der Nahrung aufgenommen werden sollte. Ein Getränk bietet hier oft eine gute Alternative.

Zutaten

150 g Beerenfrüchte gemischt (z. B. Heidelbeeren, Brombeeren)

oder 200 ml Beerensaft (z. B. Aroniabeere, schwarze Johannisbeere)

100 g Waldhonig (oder Blütenhonig)

40 g frischen Blütenpollen oder tiefgefroren (ersatzweise Pollen getrocknet, pulverisiert)

Saft einer Zitrone

Zubereitung

Geben Sie alle Zutaten in ein Gefäß und mixen es durch, bis sich alles sehr gut miteinander vermischt hat. Haben Sie einen Beerensaft verwendet, dann reicht es aus, wenn Sie die Mischung gut mit einem Schneebesen durchrühren.

Füllen Sie die Mischung in kleine Gläser und bewahren Sie diese gut verschlossen für 2–3 Tage im Kühlschrank auf.

Sollten Sie eine größere Menge vorbereiten, weil Sie evtl. gerade im Sommer von Ihrem Imker in der Nähe frischen Pollen beziehen können und die Beeren gerade in Ihrem Garten reif sind, können Sie auch eine größere Menge auf einmal herstellen. Dazu ist jedoch zu berücksichtigen, dass Sie die Mischung in Portionen (Eiswürfelbehälter oder kleine Muffin-Förmchen) einfüllen und tiefgefrieren. Wenn sie gefroren sind, drücken Sie die Beerenwürfel wieder heraus und nehmen eine andere Verpackung, damit der Würfelbereiter für ein neues Rezept wieder frei ist.

Verwendung

Nehmen Sie bei Bedarf ein Würfelchen heraus und bereiten den Energy-Drink wie folgt zu.

Für Ihren Energy-Drink rühren Sie die Mischung aus dem Kühlschrank nochmals um, damit sich evtl. der Pollen, der sich abgesetzt hat, wieder verteilt (vor allem wenn Sie getrockneten Pollen verwendet haben). Dann nehmen Sie ungefähr 5–10 EL davon und geben es in ein 500 ml großes Glas, füllen es mit Wasser (Quellwasser oder gefiltertem Wasser) auf.

Sie können es auch für unterwegs, für die Schule, für den Sport in eine Flasche abfüllen. Es gibt Energie auf Ihrem Weg durch den Tag.

Für die Pause in der Schule oder gerade, wenn Ihr Kind auch noch nachmittags Unterricht hat, können Sie es mit diesem Getränk gut über den Tag bringen. Die Farbstoffe der Beeren unterstützen die Abwehrkräfte des Körpers.

Kakao-Cocktail

Nach einem stressigen Arbeitstag oder nach der Schule kann dieses Getränk angewärmt beruhigen und die Energie wieder in den Körper zurückbringen.

Zutaten

20 g getrocknetes Bienenbrot oder 30 g frisches Bienenbrot in der Wabe vom Imker

100 g Blütenhonig

50 g Kakaopulver schwach entölt

50 g Rohkakaopulver

200 g Beerensaft (Aroniabeere, schwarze Johannisbeere o. ä.)

Wasser zum Auffüllen

Rohkakao hat viele zellschützende Wirkstoffe, deshalb ist ein Energy-Getränk mit Rohkakao, Bienenbrot und Honig sehr wertvoll für unsere Zellregeneration.

Zubereitung

Alle Zutaten zusammenführen und mixen. In kleine Gläser abfüllen und im Kühlschrank aufbewahren.
Innerhalb von 2–3 Tagen aufbrauchen, damit es nicht zu gären beginnt.
Ein Drittel der Menge mit handwarmem Wasser auf 1 Liter verdünnen und trinken. Bitte beim Trinken immer wieder darauf achten, dass auch der Rohkakao aufgewirbelt wird. Dazu vor dem Trinken umrühren. So verteilt sich der Rohkakao wieder und setzt sich am Schluss nicht unten im Glas oder in der Karaffe ab.

FRÜHSTÜCK

Buchweizen-Porridge

Buchweizen kann auch roh gegessen werden und hat angeröstet einen nussartigen Geschmack. Für ein Porridge mit rohem Buchweizen kann er über Nacht eingeweicht werden.

Buchweizen ist ein robustes Scheingetreide mit vielen guten Eigenschaften. Es ist reich an B-Vitaminen und enthält zusätzlich auch noch die essenzielle Aminosäure Tryptophan. Dieser essenzielle Eiweißbaustein sowie die B-Vitamine sind lebenswichtig für die Herstellung von Serotonin. Das wiederum wird im Volksmund als „Glückshormon" bezeichnet. Buchweizen liefert beides. Als Porridge am Morgen können wir deshalb für den Tag bereits eine besonders hervorragende Grundlage hierfür bilden.

Zutaten (2 Personen)

400 ml Wasser

50 g Buchweizen

50 g gehackte Nüsse nach Wahl

30 g Wabenhonig oder Stampfhonig vom Imker

1 TL Zimt und andere Gewürze nach Belieben

Obst nach Belieben

Zubereitung

Den Buchweizen mit Wasser und Zimt kurz aufkochen und anschließend für ca. 10–20 Minuten quellen lassen. Die Nüsse und den Wabenhonig unterrühren und mit frischem Obst oder Trockenobst, je nach Belieben, verfeinern.

Optional kann noch zusätzlich 200 g Heumilchjoghurt untergerührt werden.

HAUPTSPEISEN

Buchweizen-Aufstrich

Wildkräuter regen die Verdauung mit ihren Bitterstoffen an und sind übers Jahr gut im eigenen Garten oder bei Freunden kostenlos erhältlich. Zusätzlich bieten die unterschiedlichen Wildkräuter übers Jahr den Bienen eine gute abwechslungsreiche Futterquelle.

Zutaten

1 Bund Wildkräuter (Löwenzahn, Giersch, Gundermann, Spitzwegerich usw.)

300 g Heumilchquark

20 g Buchweizen (geschält, geröstet und fein gehackt)

5 EL Pflanzenöl (z. B. Distelöl, Mohnöl oder ähnliche)

Propolis-Salz aus der Mühle, Pfeffer, Kardamom gemahlen und Chili nach Belieben

2 EL Essig

etwas Heumilch für die Konsistenz

Buchweizen ist bereits gut als Schrot erhältlich und meistens auch etwas günstiger. Dann spart man sich das Zerkleinern der ganzen Nüsschen und kann gleich ans Rösten gehen.

Zubereitung

Die Kräuter waschen und fein hacken.

Den Heumilchquark und die Buchweizennüsschen mit dem Öl und dem Essig cremig rühren und die Kräuter untermischen. Heumilch dazugeben, bis die gewünschte Konsistenz erreicht ist. Mit den Gewürzen abschmecken. In ein steriles Glas abfüllen und verschlossen im Kühlschrank aufbewahren.

Hält sich gekühlt 2–3 Tage.

Dieser Aufstrich schmeckt pur auf geröstetem Brot, aber auch zu rohem oder gedünstetem Gemüse oder zur Brotzeitplatte.

Energie-Aufstrich

Zutaten

1 kleine rote Zwiebel
150 g Heumilch-Camembert
200 g Heumilch-Frischkäse
50 g weiche Heumilchbutter
1 TL Honig
1 TL Paprika süß
Salz, Pfeffer und Chili nach Belieben
1 TL Pollen gemahlen
½ TL Pollen ganz

Rohe Zwiebeln werden nicht immer gut vertragen; sie können ein leichtes Völlegefühl auslösen. Wer das bereits weiß, kann die Zwiebelringe weglassen. Als Variante kann man auch fein geschnittenen Schnittlauch untermischen und zum Anrichten verwenden.

Zubereitung

Eine Hälfte der Zwiebel fein hacken. Die andere Hälfte wird in dünne Ringe geschnitten und beiseitegestellt.
Den Camembert in kleine Würfel schneiden und mit der kleingehackten Zwiebel, Honig, Salz, Paprika, Pfeffer und Chili in eine Schüssel füllen. Mit einer Gabel den Camembert zerdrücken und mit den Gewürzen vermischen. Anschließend die weiche Butter, gemahlenen Pollen und den Frischkäse unterarbeiten, bis es eine geschmeidige Masse ergibt.
Im Kühlschrank einige Zeit durchziehen lassen. Auf einem Teller servieren und mit den Pollenkörnern und den Zwiebelringen anrichten.

Wilde süße Ziege

Zutaten

250 g Ziegenfrischkäse

1 EL Buchweizenmehl

4 EL Wildkräuter gemischt (Giersch, Löwenzahnblätter, Kapuzinerkresse, Schafgarbe usw.)

2 TL Honig

1 Prise Chili

Salz, Pfeffer und Kurkuma

Zubereitung

Die Wildkräuter waschen und fein hacken. Den Ziegenfrischkäse mit dem Buchweizenmehl und den restlichen Zutaten schön cremig rühren.

Wenn Sie eine Ecke im Garten haben, in der auch der Girsch blühen darf, dann werden Sie staunen, wie viele Insekten die Blüte besuchen werden.

Tipp

Löwenzahn, Kapuzinerkresse oder Schafgarbe unterstützen mit ihren Bitter- oder Scharfstoffen die Verdauung. Sollten gerade keine frischen Wildkräuter zur Hand sein, kann man den Frischkäse auch mit Gartenkräutern oder Salatrauke zubereiten. Auch sie unterstützen die Verdauung mit ihrer leichten Schärfe. Sie sind ganzjährig in gut sortierten Naturkostläden erhältlich.

Maronen – Grundrezepte

Im Herbst erhalten Sie die Maronen frisch in der Schale.
Es gibt verschiedene Möglichkeiten, frische Maronen zuzubereiten. Sie können gekocht, geröstet aber auch roh gegessen werden. Ich zeige Ihnen nachfolgend unterschiedliche Zubereitungen.

Maronen sind gekocht verpackt oder als Maronenmehl das ganze Jahr über erhältlich.

Maronen aus dem Backofen

Bei den frischen Maronen werden die Härchen oben gekappt.
Mit einem Messer werden kleine Schlitze in die Schale geschnitten. Achten Sie dabei darauf, dass je nach Größe der Maroni die Schlitze mindestens ca. 1½ cm lang sein sollten und zwei überkreuzende Schnitte gemacht werden. Hierbei ist auch wichtig, dass bis zum Fruchtfleisch eingeschnitten wird. Wenn das Fruchtfleisch etwas angeschnitten ist, macht das nichts aus.
Legen Sie die Maroni auf ein Backblech und schieben Sie unter das Backblech noch ein zweites mit Wasser. Dadurch kann beim Rösten noch etwas Dampf entstehen und die Maroni werden nicht zu trocken.
Schalten Sie den Backofen auf 170–180 °C an. Der Backofen muss nicht unbedingt vorgeheizt sein. Es ist jedoch darauf zu achten, wenn der Ofen länger für die Aufheiztemperatur braucht, dann verlängert sich natürlich auch die Backzeit. Wenn natürlich der Backofen bereits während der Vorbereitungszeit vorgeheizt ist, verkürzt sich die Backzeit selbst mit den Maronen. Lassen Sie die Maronen ca. 30 Minuten im Backofen und kontrollieren aber bereits nach ca. 20 Minuten, wie weit die Maronen sind. Je nach Frische oder Größe kann das etwas variieren. Wenn die Schale sich aufrollt, sind sie fertig.
Nehmen Sie die Maronen aus dem Backofen und schälen Sie sie so heiß wie möglich. Warm sind die Maronen am besten von der Schale zu befreien.

Geschälte, gebackene Maronen sind eine sehr leckere Nascherei und eine gute Alternative zu sonstigen Süßigkeiten.

Esskastanien als Beilage zu Gerichten sind eine gute Alternative zu Kartoffeln oder Nudeln. Sie ergänzen auch wunderbar Gemüsebeilagen oder Gemüsegerichte.

Maronen aus dem Kochtopf

Bereiten Sie die rohen Maronen wie vorher beschrieben vor.

Füllen Sie einen Topf mit Wasser, das leicht gesalzen ist. Legen Sie die rohen vorbereiteten Maronen mit der Schale hinein und lassen Sie die Maronen ca. 10 Minuten in dem Wasser köcheln, bis die Schale an den Schnittstellen sich aufwölbt. Dann sollten die Maronen fertig sein. Nehmen Sie eine größere Marone heraus und probieren Sie sie einfach, dann können Sie sicher sein, dass alle fertig sind.

Die Maronen sollten wieder heiß geschält werden, damit sich die Schale leicht entfernen lässt. Kalt ist die Schale schwerer zu entfernen.

Jetzt sind die Maronen für die Weiterverarbeitung vorbereitet. Im Kühlschrank halten sie sich 2–3 Tage und können dann portionsweise weiterverarbeitet werden. Sie können auch noch in einer Pfanne angeröstet werden und erhalten dann auch wieder die Röstaromen für Salate oder eine Bowl.

Sie können die Maronen auch von der harten Schale befreien und nur mit der dünnen Haut im Topf kochen.

Maronen roh essen

Maronen können auch roh gegessen werden. Jedoch sind sie dann schwerer verdaulich Deshalb ist es gut, es bei d Menge hier nicht zu übertreiben.

Die rohen Maronen müssen wieder geschält werden. Das ist bei rohen Früchten nicht ganz so einfach und erfordert etwas Geduld.

Weichen Sie die Maronen ca. 1½ bis 2½ Stunden in lauwarmes Wasser ein. Hierbei sehen Sie dann auch, ob die Maronen schwimmen oder zu Boden sinken. Die schwimmenden Maronen können Sie gleich wieder abfischen. Voraussichtlich sind sie nicht ganz so frisch oder bereits nicht mehr verzehrfähig.

Nehmen Sie die anderen Früchte nach der Zeit aus dem Wasser und ritzen Sie sie mit einem scharfen kleinen Sägemesser ein und entfernen die Schale mitsamt der Samenhaut (die feine Haut an der Frucht selbst).

Jetzt können Sie die rohen Maronen für die weitere Verwendung beiseitestellen. Grob gehackt passen sie wunderbar zu Salaten oder über Gemüse- und Fleischgerichte. Aber auch im Müsli sind sie gut verwendbar.

Rohe Maronen sind nicht ganz so süß, erinnern aber mit ihrem Geschmack an Nüsse.

Maronensuppe

Zutaten (ca. 2 Portionen)

80 g Butter

½ Bio-Zitrone

1 Zwiebel

ca. 300 g Maronen (gekocht und geschält)

350 ml Gemüsefond

150 ml Sahne

Natursalz, Pfeffer und ggf. Chili zum Abschmecken

Schwarzkümmelöl

Nüsse gehackt

Zubereitung

Drei oder vier Maronen zur Seite legen.

In einem Topf die Butter schmelzen, die Zwiebeln glasig dünsten und mit dem Saft der Zitrone ablöschen. Die restlichen Maronen zerdrücken und in der Pfanne mitbraten. Mit dem Gemüsefond und der Sahne aufgießen und mit Salz, Pfeffer und Chili würzen.

Anschließend mit dem Mixer oder dem Pürierstab die Masse mixen und nochmals erwärmen.

Die gehackten Nüsse und die weggenommenen Maronen kurz in einer Pfanne anrösten und die Suppe mit den gerösteten Maronen und dem Schwarzkümmelöl servieren.

Die Maroni ist eine wunderbare Bienenweide. Sie blüht von Juni bis Juli und ernährt die Bienen in einer Zeit der Blütenknappheit in der Natur.

Nudelsalat (glutenfrei)

Zutaten

100 g Buchweizen-Nudeln (im Biomarkt oder Supermarkt erhältlich)

oder Süßlupinen-Nudeln

Gurken

Tomaten

Paprika

Karotten

(kann nach Belieben und Saison zusammengestellt werden)

Marinade

60 g Essig

1 TL Blütenhonig

¼ TL Blütenpollen

¼ TL Brennnessel-Samen

3 EL Leinöl oder Mariendistelöl

Salz, Pfeffer, Chili

Zubereitung

Buchweizen-Nudeln lieber etwas kürzer im Salzwasser kochen, als auf der Packung angegeben ist, damit sie noch bissfest sind. Sie ziehen dann in der Marinade noch etwas nach.

Gurken, Tomaten, Paprika und Karotten kleinschneiden oder hobeln und mit den Nudeln vermischen.

Marinade-Zutaten verrühren und mit dem Nudelsalat mischen. Der Salat kann gut einige Zeit vorher zubereitet werden, damit er noch durchzieht. Vor dem Servieren nochmals abschmecken, da meistens die Nudeln einiges eingezogen haben und noch Gewürze oder Essig ergänzend notwendig sind.

Süßlupinen werden von den Honigbienen angeflogen, jedoch werden sie von Wildbienen wie den Hummeln und anderen Insekten bevorzugt. Auch hier können wir über unsere Ernährung somit eine Hilfestellung für die Biodiversität leisten.

Süßlupinen- oder Buchweizen-Salat

Zutaten

Süßlupinen aus dem Glas (ca. 150–200 g)

oder ca. 200 g gekochte Buchweizennüsschen

Gemüse und Obst nach Belieben, z. B. Gurke, Tomaten, Paprika, Zucchini, Hokkaido, Karotte, Rote Bete

Apfel, Kirschen, Birne, Beeren usw.

Marinade

Essig

2 EL mittelscharfer Senf

1 EL Honig

2 EL karamellisierte Mandelstifte

Propolis-Salz, Propolis-Pfeffer, Chili

5 EL Distelöl

½ EL Blütenpollen

Kräuter-Oxymel kann noch dazugegeben werden (vgl. Rezept S. 138)

Zubereitung

Gemüse und Obst kleinschneiden oder raspeln. Gemüse und Obst mit den Buchweizennüsschen oder den Süßlupinen mischen.

Mit den Zutaten der Marinade eine homogene Masse rühren. Die Mandelstifte lösen sich in der Marinade vom Karamell, sodass die Marinade eine karamellisierte Süße annimmt. Die Marinade mit dem Salat mischen und auf einem Teller anrichten.

Verwenden Sie für Salatdressings immer hochwertige native Öle. Im Handel gibt es bereits viele verschiedene Sorten wie Distelöl, Mariendistelöl, Schwarzkümmelöl, Mohnöl, Leindotteröl, Leinöl, Hanföl u. v. m. Mit diesen verschiedenen Ölsaaten gewinnt Ihr Körper an Vitalität und die Blüten ernähren die Honigbienen und die Wildbienen.

Salat-Varianten für unterwegs und ins Büro

Wenn Sie für unterwegs einen frischen Salat mitnehmen wollen, bieten sich verschiedene Schichtsalate an. Diese können Sie dann in ein größeres Schraubglas füllen und unterwegs mit der vorbereiteten Bienen-Marinade verfeinern.

Bienen-Marinade

Diese Marinade lässt sich wunderbar als Vorrat im Kühlschrank für einige Tage aufbewahren und ist damit über mehrere Tage griffbereit für verschiedene Salatvariationen.

Zutaten

100 ml Apfelessig

30 ml Natternkopföl oder Leindotteröl, Mohnöl, Distelöl (Bienenweiden)

50 ml Blütenhonig oder Waldhonig

80 ml Fruchtsaft

2 TL Trockenblütenmischung

Propolis-Salz, Pfeffer, mittelscharfer Senf

Zubereitung

Alle Zutaten des Dressings miteinander mischen und über den Salat gießen, der für das gemeinsame Familienessen zubereitet wurde. Oder in kleine Gläschen abfüllen für den Schichtsalat für unterwegs.

Schichtsalate

Für unterwegs sind viele Salate eine gute Alternative, um frisches Obst und Gemüse zu genießen.

Hier finden Sie nur einige Salatvarianten zur Auswahl. Jeder kann in sein Glas schichten, was er will und der Garten gerade im Überfluss bietet oder saisonal auf dem Markt zu kaufen ist.

Die verschiedenen Zutaten für die Salate kleinschneiden. Zutaten aus dem Glas abtropfen lassen.

Die verschiedenen Salatvarianten werden schichtweise in ein Glas gefüllt und die Marinade kann entweder bereits dazugegeben oder in kleinen Gläschen beigefügt werden.

Für unterwegs sind viele Salate eine gute Alternative, um frisches Obst und Gemüse zu genießen.

Nudelsalat

Buchweizen-Nudeln, Gurken, Karotten, Tomaten, Paprika, Apfel, Petersilie

Lupinensalat

Süßlupine aus dem Glas (gekocht), Karotte, Rote Bete, Topinambur, Gurke

Wintersalat

Maronen gekocht, Kraut weiß und rot, Karotte, Mais, Feldsalat, Chili

Die Biodiversität an Kleintieren auf einem Buchweizenfeld ist enorm, weil nicht nur Bienen dort im Spätsommer reichlich Nahrung finden, sondern viele verschiedene Insekten sich ernähren.

Käsespätzle

Zutaten

200 g Buchweizenmehl
4 Eier
½ TL Salz
1 Msp. Muskat
Wasser, bis die Konsistenz für Spätzle erreicht ist
Kochwasser mit 1 EL Stärkemehl anrühren
250 g Bergkäse aus Heumilch gerieben
3 EL Zitronensaft
100 ml Sahne
Salz
4 größere Zwiebeln
8 EL Butterschmalz
Propolis-Salz
1 EL Blütenpollen

Zubereitung

Aus dem Buchweizenmehl, den Eiern, Salz, Muskat und Wasser einen Teig kneten. Den Teig eine ½ Stunde ruhen lassen, damit er noch quellen kann.

Das Nudelwasser zum Kochen bringen und mit 2 EL probieren, ob der Teig die richtige Konsistenz hat. Sollte er zu weich oder zu fest sein, mit Wasser oder Mehl nochmals korrigieren.
Die Spätzle portionsweise durch das Sieb drücken. Immer wenn sie an der Oberfläche schwimmen, mit einem Schaumlöffel aus dem Wasser holen. In ein engmaschiges Sieb geben, kalt abbrausen und abtropfen lassen. Die Spätzle sind sehr fluffig, und nicht so fest. Deshalb vorsichtig weiterverarbeiten. Ansonsten einfach etwas Dinkelmehl verwenden.
Die Zwiebeln in Ringe schneiden und im Butterschmalz hellbraun frittieren. Mit dem Schaumlöffel oder einer Gabel aus dem Fett holen, auf einem Küchenkrepp abtropfen lassen und noch heiß etwas salzen. Dann bleiben sie länger kross.
Bergkäse, Zitronensaft und Sahne verquirlen und mit den Spätzle mischen. Die Spätzle in Portionsschalen füllen und im Backofen ca. 15 Minuten backen. Mit den krossen Zwiebelringen und dem Blütenpollen noch heiß servieren.

Butterspätzle mit Brennnesselgemüse

Zutaten

100 g Buchweizenmehl
100 g Dinkelmehl (Type 630)
4 Eier
½ TL Salz
1 Msp. Muskat
Wasser, bis die Konsistenz für Spätzle erreicht ist
Kochwasser mit 1 EL Stärkemehl anrühren
Butter
Propolis-Salz
Wabenhonig und Bienenbrot
getrocknete Blüten oder Brennnesselgemüse

Zubereitung

Aus Mehl, Eiern, Salz und Muskat einen Teig kneten. Den Teig eine ½ Stunde ruhen lassen, damit er noch quellen kann.
Das Nudelwasser zum Kochen bringen und mit 2 EL probieren, ob der Teig die richtige Konsistenz hat. Sollte er zu weich oder zu fest sein, mit Wasser oder Mehl nochmals korrigieren.
Die Spätzle portionsweise durch das Sieb drücken. Wenn sie an der Oberfläche schwimmen, mit einem Schaumlöffel aus dem Wasser holen. Die Portionen in einem engmaschigen Sieb mit kaltem Wasser abbrausen und abtropfen lassen.
Die Butter in einer Pfanne erhitzen und die Spätzle golden anbraten. Mehrmals wenden und auf einem Teller mit Wabenhonig anrichten. Mit Propolis-Salz würzen und noch heiß servieren.
Die Butterspätzle können wahlweise mit getrockneten Blüten oder mit Brennnesselgemüse angerichtet werden. Dazu einfach die Brennnesselspitzen und -blüten in wenig Wasser fünf Minuten dünsten. Auch ein bunter Salat passt wunderbar dazu.

Bienenbrot ist mehr als nur die Kraft der Blüten, weil es von den Bienen im Bienenstock noch weiterverarbeitet und mit ihren eigenen Sekreten angereichert wird.

Die Brennnessel ist für über 30 Schmetterlinge wichtig und gehört zu den ältesten Heilpflanzen der Menschen.

Die Edelkastanie bietet Blüten- und Honigtauhonig. Dadurch ist sie für die Bienen etwas Besonderes, denn sie können Nektar aus den Blüten und aus den extrafloralen Nektarien sammeln. Beides wird von den Bienen gern gesammelt.

Kürbis mit Maronenfüllung

Zutaten

1 kleiner Hokkaido-Kürbis

5 EL Öl

2 Zwiebeln

1 kleine Zucchini

2 Paprika

2 Knoblauchzehen

5 größere Tomaten oder ca. 6 EL Tomatensoße aus dem Glas

200 g Maronen gekocht

Salz, Pfeffer, Kurkuma, Chili zum Würzen

1 Bund Petersilie

2 EL Edelkastanienhonig

Zubereitung

Den Kürbis quer teilen und das Fruchtfleisch von den Kernen befreien. In einem großen Topf die beiden Kürbishälften in leicht gesalzenem Wasser bissfest kochen und warmhalten.

Die Zwiebeln klein schneiden und mit dem Öl andünsten. Zucchini und Paprika in Würfel schneiden, die Knoblauchzehen in dünne Scheiben. Alles zu den Zwiebeln geben und kurz mit anschwitzen. Die Tomaten klein schneiden und mit den Maronen in die Pfanne geben. Mit den Gewürzen abschmecken, aufkochen lassen und vom Herd nehmen. Am Schluss die kleingeschnittene Petersilie mit dem Edelkastanienhonig untermischen.

Die beiden Kürbishälften unten kappen, sodass sie auf einem Teller stehen bleiben. Auf zwei Tellern anrichten und mit dem Maronengemüse füllen. Mit frischem Blattsalat oder Gurkensalat servieren.

Die Haselnuss ist eine einheimische Pflanze und ein wichtiger Pollenlieferant für die Honigbiene. Der Pollen ist reich an Eiweißen und dient der Brut im Bienenvolk als Nahrung in einer kritischen Zeit im Frühling.

Zucchini gebacken

Zutaten

1–2 mittelgroße Zucchini, etwas Salz

200 g Buchweizenmehl

5 Eier

30 g Haselnüsse gemahlen (oder Mandeln bei Allergien)

Salz, Pfeffer, Kurkuma, Kardamom zum Würzen

Öl oder Butterschmalz zum Ausbacken

Kräuter-Dip

200 g Heumilchjoghurt

1 EL Buchweizenmehl

1 EL Honig

4 EL gehackte frische (Wild-) kräuter nach Belieben (Giersch, Brennnessel, Löwenzahn usw.)

Salz, Pfeffer, Kardamom, Muskat zum Würzen

Zubereitung

Dip: Alle Zutaten vermischen und bis zum Servieren in den Kühlschrank stellen. Vor dem Servieren nochmals durchmischen und zu den Zucchini anrichten.

Zucchini gebacken: Zucchini in schräge Ringe schneiden und mit etwas Salz marinieren. Mindestens eine Stunde ziehen lassen und das Wasser abgießen.

Buchweizenmehl mit den 5 Eiern, den Haselnüssen und Gewürzen zu einem glatten Teig verrühren und ebenfalls mindestens eine Stunde ziehen lassen.

Zucchini und Teig können auch morgens schon vorbereitet werden, da eine längere Marinade und Teigzubereitung von Vorteil ist.

Zucchini mit dem Teig ummanteln und in etwas Öl oder Butterschmalz ausbacken.

Die Zucchini mit dem Kräuterdip und Salat anrichten.

Süßlupinen sin Carne

Zutaten für die Zucchini

1 große Zwiebel

2 Knoblauchzehen

1 kleines Stück Knollensellerie

5 EL Kürbiskerne gehackt

4 EL Olivenöl zum Anbraten

6 größere Tomaten

2 EL getrocknete Tomaten, fein gehackt

400 g Süßlupinen im Glas (gekocht; Abtropfgewicht)

2 EL Buchweizenmehl

4 EL frische Petersilie gehackt oder Frühlingszwiebeln

Salz, Pfeffer, Kurkuma, Chili

1–2 Zucchini je nach Größe

Zubereitung

Zwiebel, Knoblauchzehen und Knollensellerie fein hacken und mit den Kürbiskernen im Olivenöl anbraten. Die Tomaten in Stücke schneiden und mit den getrockneten Tomaten in die Pfanne geben. Die Süßlupinen mit dem Wasser im Glas und dem Buchweizenmehl in die Pfanne geben und mit der Petersilie und den Gewürzen abschmecken.

Die Zucchini der Länge nach halbieren und das weiche Fruchtfleisch herausnehmen, kleinhacken und unter die Lupinenfüllung rühren. Die Zucchinihälften mit Salz und Pfeffer würzen und die Süßlupinensoße einfüllen. Die Zucchinihälften in eine Auflaufform schichten und die übrige Füllung um die Zucchini geben.

Bei 170 °C im Backrohr 20–30 Minuten backen, je nach Größe der Zucchini.

Zutaten für die Kapuzinerkresse-Soße

8 EL Kapuzinerkresse-Blätter und -Blüten gehackt (ersatzweise kann auch 1 Bund Petersilie oder Schnittlauch verwendet werden)

8 EL Leinöl (Leindotteröl)

2 Knoblauchzehen fein gehackt oder durch die Presse gedrückt

3 EL Stampfhonig (Waldhonig oder Buchweizenhonig)

400 g Heumilchquark

200 g Heumilchjoghurt

Salz, Pfeffer, Kurkuma und Chili zum Abschmecken

3 EL Kürbiskerne geröstet oder Bienenbrot

Zubereitung

Kapuzinerkresse ganz fein hacken. Alle Zutaten unter den Heumilchquark mischen und zu den gebackenen Zucchini servieren.

Geröstete Kürbiskerne geben vielen vegetarischen Gerichten noch eine nussige Note. Deshalb röste ich gerne eine größere Menge als Vorrat und fülle sie ausgekühlt in ein Schraubglas. Dadurch sind auch bei kleinen Mengen immer welche griffbereit.

Sehr gut
schmeckt es, wenn es
noch einige Wochen
oder Monate im Glas
reifen kann.

Honig-Zucchetti (süß-sauer)

Zucchini steht im Sommer oft in großen Mengen zur Verfügung. Mit diesem Rezept können Sie sich für den Winter bevorraten und es schmeckt super lecker. Es ist mein Lieblingsrezept für eingemachte Zucchini geworden. Das Ausgangsrezept habe ich über meine Tochter aus der Schweiz erhalten.

Zutaten

1 kg Zucchini gemischt (grün, gelb, gestreift)

1 Tasse Zwiebelringe halbiert

30 g Salz

1,5 Tassen Wasser

1,5 Tassen Essig

1 Tasse Honig

1 TL Pfefferkörner zerstoßen/gemahlen

2½ TL Currypulver (Varianten mit Kreuzkümmel oder Kräuter à la Provence)

Zubereitung

1. Tag

Zucchini würfeln, nicht zu klein. Zucchini, Zwiebelringe und Salz miteinander vermischen und mehrmals am Tag durchmischen.

2. Tag

Gemüse vom Salzwasser befreien und abspülen. Sud aus Wasser, Essig, Honig, Pfeffer, Currypulver aufkochen und heiß über die Zucchini gießen. Wieder einen Tag ruhen lassen.

3. Tag

Sirup von den Zucchini abgießen, nochmals aufkochen und wieder heiß über die Zucchini gießen.

4. Tag

Gemüse mit dem Sirup aufkochen und ca. 3–4 Minuten kochen lassen. Heiß in Gläser abfüllen und langsam auskühlen lassen. Wer Schärfe möchte, kann auch etwas Chili untermischen.

Dieses Zucchinigemüse passt zu allem. Ich verwende es zu gebratenem Fleisch, Käseplatte, Gemüseplatte, Brotzeitplatte oder im Sommer als Beilage beim Grillen. Es begeistert alle Gäste immer wieder aufs Neue, das ganze Jahr über.

BACKEN UND SÜSSES

Honig-Marzipan

Marzipan wird oft verwendet und sollte aus vollwertigen Zutaten stammen. Deshalb bietet es sich an, Honig und Mandeln zu vereinen, um süße Naschereien für Groß und Klein gesund anbieten zu können.

Zutaten

200 g Mandelkerne

120 g Blütenhonig

etwas Bittermandelöl oder 2 Bittermandeln (im Reformhaus erhältlich)

Zubereitung

Alle Zutaten miteinander mischen, bis eine feine Konsistenz entstanden ist. Danach so lange kneten, bis die Masse abbindet und sich formen lässt. Das ergibt schönes hellbraun glänzendes Marzipan. Für weißes Marzipan sind weiße geschälte Mandeln zu verwenden.

Sie können die Mandeln auch selbst schälen. Hierzu einfach die Mandeln mit heißem Wasser übergießen und nach einigen Minuten abgießen. Die Mandeln lassen sich dann enthäuten. Trocknen Sie die Mandeln anschließend wieder für die weitere Verarbeitung, damit keine Wasserrückstände in den verarbeiteten Produkten enthalten sind.

Auf Vorrat lässt sich Marzipan auch sehr schön in größeren Mengen zubereiten. Nehmen Sie hierzu einfach die doppelte oder dreifache Menge.

Marzipan auf Vorrat bitte kühl und trocken lagern. Am besten in einem gut verschlossenen Gefäß im Kühlschrank. Das Marzipan können Sie auf diese Weise über mehrere Wochen gut lagern.

Kernige Kugeln

Zutaten

20 g Bienenbrot frisch vom Imker oder getrocknetes gemahlen

70 g Walnüsse gemahlen

30 g Kakaobutter

40 g Blütenhonig

gemahlene Walnüsse zum Wälzen der Kugeln

Zubereitung

Die Kakaobutter im Wasserbad schmelzen. Walnüsse in einer kleinen Pfanne anrösten und auskühlen lassen. Hierbei können auch gleich die Walnüsse zum Wälzen mit angeröstet werden. Dadurch intensiviert sich der Geschmack der Walnüsse. Bienenbrot und Walnüsse gut vermischen und mit dem Blütenhonig und der geschmolzenen Kakaobutter kneten, bis eine homogene Masse entstanden ist. Kleine Kugeln in gewünschter Größe formen und in den gemahlenen angerösteten Walnüssen wälzen.

Trocken und kühl gelagert sind die Kugeln ca. 4 Wochen in einer verschlossenen Dose haltbar.

Beeren-Traum

Zutaten

100 g Beeren getrocknet

100 g Marzipan (vgl. Rezept S. 106)

½ TL Zimt

Beerenpulver zum Wälzen (schockgefrostete Beeren)

Zubereitung

Die getrockneten Beeren mixen. Danach alle Zutaten miteinander verkneten, bis eine homogene Masse entstanden ist. Kugeln in gewünschter Größe formen und am Schluss in Beerenpulver wälzen.

Trocken und kühl gelagert sind die Kugeln ca. 4 Wochen in einer verschlossenen Dose haltbar.

Weißer Honigtraum

Zutaten

100 g Kokosflocken
50 g Mandeln gemahlen
20 g Kokosmus
50 g Kakaobutter
50 g Blütenhonig
ca. 20–25 Mandelkerne ganz
ca. 3–4 EL Kokosflocken zum Wälzen der Kugeln

Zubereitung

Kakaobutter im Wasserbad schmelzen. Kokosflocken, Mandeln, Kokosmus und Blütenhonig mit der Kakaobutter zu einer cremigen, geschmeidigen Masse kneten.
Einen Mandelkern nehmen und mit einer Teelöffelmenge der weißen Kokosmasse umschließen. Das Ganze zu einer Kugel formen und in den Kokosflocken wälzen.
Trocken und kühl gelagert sind die Kugeln ca. 4 Wochen in einer verschlossenen Dose haltbar.

Die grüne Wilde

Zutaten

100 g Marzipan (vgl. Rezept S. 106)
2 EL Brennnesselsamen gemahlen (ca. 10 g)
2 EL Mohn gemahlen
1 EL Blütenpollen
6 EL Orangensaft (frisch gepresst)
Brennnesselsamen zum Wälzen der Kugeln

Zubereitung

Alle Zutaten zu einer homogenen Masse kneten und Kugeln in gewünschter Größe formen. Anschließend die Kugeln in Brennnesselsamen wälzen.
Trocken und kühl gelagert sind die Kugeln ca. 4 Wochen in einer verschlossenen Dose haltbar.

Erfrischende Minze

Zutaten

2 EL frische Pfefferminze oder Schokominze gemixt oder gemörsert

50 g Haselnüsse gemahlen und ggf. auch geröstet

50 g Kürbiskerne grob gemahlen und geröstet

50 g Wabenhonig

10 g Kakaopulver schwach entölt

50 g Rohkakaopulver

50 g Kakaobutter

Kokos-Chips zum Wälzen der Kugeln

Zubereitung

Alle Zutaten gut miteinander verkneten und Kugeln in gewünschter Größe formen. Diese Kugeln dann in den Kokos-Chips wälzen.
Trocken und kühl gelagert sind die Kugeln ca. 4 Wochen in einer verschlossenen Dose haltbar.

Anis-Kugeln

Zutaten

100 g Marzipan-Rohmasse (vgl. Rezept S. 106)

50 g Wabenhonig

1 TL Anis

20 g Rohkakao pulverisiert

20 g Kürbiskerne

Kürbiskerne zum Wälzen

Zubereitung

Die Kürbiskerne für die Kugeln in einer kleinen Pfanne rösten. Rösten Sie die Kürbiskerne zum Wälzen gleich mit. Nach dem Auskühlen werden die Kürbiskerne gemahlen und der Anis wird im Mörser aufgeschlossen. Marzipan, Wabenhonig und die anderen Zutaten miteinander zu einer homogenen Masse kneten. Gewünschte Kugelgröße formen und in den gerösteten, gemahlenen Kürbiskernen wälzen.
Trocken und kühl gelagert sind die Kugeln ca. 4 Wochen in einer verschlossenen Dose haltbar.

Wer es etwas fruchtiger liebt, kann dieser Mischung auch noch gemixte Trockenbeeren untermischen und dafür etwas Kakaobutter zusätzlich dazugeben.

Bienen-Stifte

Zutaten

200 g Mandelstifte

100 g Kürbiskerne geröstet und grob gemahlen

50 g Bienenbrot grob gemahlen

150 g Kakaobutter

50 g Kakao schwach entölt

50 g Rohkakao gemahlen

80 g Honig

½ TL Zimt

Bourbon-Vanille

Zubereitung

Die trockenen Zutaten mischen. Kakaobutter und Honig im Wasserbad erwärmen und mit den anderen Zutaten zusammenrühren. Mit einem Teelöffel kleine Häufchen auf ein mit Backpapier ausgelegtes Bachblech schichten und erkalten lassen.

Anschließend in einer Dose luftdicht, trocken und kühl aufbewahren. Die Bienen-Stifte sind über mehrere Wochen haltbar.

Fruchthonige

Honig und Früchte sind ein Naturprodukt. Die Konsistenz variiert deshalb. Sollte es für Sie zu flüssig sein, einfach etwas feines Buchweizenmehl, gemahlene Kürbiskerne oder Sonnenblumenkerne untermischen. Die Fruchthonige können mit den unterschiedlichsten Früchten aus Ihrem Garten kreativ zusammengestellt werden und ersetzen auf gesunde Weise jede Marmelade.

Beeren-Honig

Zutaten

100 g Beeren

100 g Waldhonig

½ TL Zimt

½ TL Pollenpulver

evtl. gemahlene Kürbiskerne zum Andicken

Zubereitung

Die Beeren waschen und pürieren und mit dem Waldhonig, Zimt und Pollenpulver vermischen.

In kleine Gläser abfüllen und verschlossen im Kühlschrank aufbewahren. Ist ca. 1–2 Wochen haltbar.

Citrus-Honig

Zutaten

2 Bio-Zitronen

100 g Blütenhonig

150 g Sonnenblumenkerne geröstet und gemahlen

Zubereitung

Die Zitronen waschen und den Abrieb sowie den Saft mit den Sonnenblumenkernen in den Honig einrühren. In kleine Gläser abfüllen und verschlossen im Kühlschrank aufbewahren. Gekühlt ist der Honig über einige Wochen haltbar.

Sie können mit den meisten Früchten, die Sie selbst lieben, einen Fruchthonig bereiten und mit Gewürzen verfeinern. Seien Sie kreativ und probieren Sie eigene Variationen aus. Diese Fruchthonige können Sie fürs Müsli, über Nachspeisen oder einfach aufs Butterbrot zum Frühstück verwenden – aber natürlich auch einfach mit einem Löffel naschen.

Birnen-Honig

Zutaten

2 reife Birnen

100 g Blütenhonig

½ TL Zimt

Zubereitung

Die Birnen waschen und vom Kerngehäuse befreien. In kleine Stücke schneiden und mit wenig Wasser aufkochen, sodass das Wasser bis zum Schluss wieder verdampft ist. Abkühlen lassen. Mit dem Zimt anschließend in den Honig einrühren. In ein kleines Glas abfüllen und gekühlt aufbewahren.

Apfel-Honig

Zutaten

2 säuerliche Äpfel (Boskop)

100 g Waldhonig oder Buchweizenhonig

½ TL Anis gemörsert

½ TL Bourbon-Vanille

Zubereitung

Die Äpfel vierteln und vom Kerngehäuse befreien. Anschließend in kleine Stücke schneiden und in wenig Wasser weichdünsten bis das Wasser verdampft ist. Anschließend auskühlen lassen. Die Äpfel mit dem Anis und der Bourbon-Vanille unter den Honig rühren und in kleine Gläser abfüllen.

Süße Aufstriche

Nuss-Aufstrich

Zutaten

150 g Wabenhonig oder Stampfhonig

100 g Nüsse geröstet und gemahlen (nach Belieben)

50 g Nussmus

½ TL Zimt

1 Prise Propolis-Salz (vgl. S. 79)

Zubereitung
Alle Zutaten so lange mixen, bis eine homogene Masse entstanden ist. Die Nusscreme in kleine Gläschen abfüllen und kühl lagern.

Schoko-Honig

Zutaten

250 g Waldhonig oder Buchweizenhonig

50 g Nüsse geröstet und gemahlen (nach Belieben)

50 g Kakaopulver schwach entölt

50 g Rohkakao pulverisiert

50 g Kakaobutter

½ TL Zimt

½ TL Bourbon-Vanille

1 Prise Propolis-Salz (vgl. S. 79)

Zubereitung
Kakaobutter im Wasserbad schmelzen. Die trockenen Zutaten gut vermischen und mit dem Waldhonig und der geschmolzenen Kakaobutter vermischen. Mixen bis eine homogene Masse entstanden ist. In Gläser abfüllen und kühl aufbewahren.

Minz-Schoko-Creme

Zutaten für den Boden

200 g Datteln entsteint
70 g Walnüsse
50 g Haselnüsse
6 EL Wabenhonig
40 g Kakaopulver schwach entölt
40 g Rohkakaopulver
ca. 60 ml starker Pfefferminztee oder Minze-Hydrolat

Zubereitung

Nüsse in einer Pfanne rösten und anschließend mit den Datteln im Mixer grob mahlen. Alle Zutaten in eine Rührschüssel geben und gut durchkneten, bis es eine homogene Masse ergibt.

Eine quadratische Backform (ca. 15 auf 15 cm) mit Backpapier auslegen, die Masse in die Form drücken und mit einem kalten befeuchteten Löffel glattstreichen. Anschließend im Kühlschrank oder an einen kühlen Ort stellen. Aus der Form nehmen und scheibchenweise für Nachspeisen verwenden. Es ist eine wunderbare Ergänzung zu karamellisierten Früchten und Eis und lecker ist es auch auf einer Scheibe Brot.

Hefezopf

Zutaten

75 g weiche Butter
400 g Dinkelmehl (Type 630)
100 g Buchweizenmehl
¼ Würfel Hefe
4 g feines Natursalz
2 Eier
250 ml Heumilch
40 g Blütenhonig
70 g Sultaninen
1 EL Blütenhonig für den Zopfüberzug

Zubereitung

Mehl, Hefe, Eier, Heumilch und Blütenhonig 5 Minuten kneten. Anschließend eine ½ Stunde ruhen lassen.

Die weiche Butter, Salz und Sultaninen zum Teig dazugeben und in weiteren 5 Minuten alles gut unterkneten.

Den Teig in eine doppelt so große Schüssel geben, mit Mehl bestäuben und für 8 Stunden an einem kühlen Ort ruhen lassen, oder über Nacht.

Am nächsten Morgen den Teig nochmals vorsichtig kneten und in drei gleichgroße Teile teilen. Diese drei Teile zu gleichlangen Strängen formen und zu einem Zopf flechten. Zugedeckt nochmals eine Stunde an einem warmen Ort ruhen lassen.

Den Zopf mit Wasser einpinseln und in den kalten Backofen schieben. Auf 170 °C einschalten (Umluft) und ca. 45 Minuten backen. Ausschalten und noch 5–10 Minuten ruhen lassen. Aus dem Backofen nehmen, auf einem Gitter auskühlen lassen und noch lauwarm mit Blütenhonig einpinseln.

Buchweizen-Biskuitboden

(Grundrezept, glutenfrei)

Zutaten

6 Eier

200 g Blütenhonig (Akazienhonig)

1 Bio-Zitrone

1 Prise Salz

180 g Buchweizenmehl

½ Päckchen Backpulver

½ TL Bourbon-Vanille

Zubereitung

Die Eidotter werden mit dem Honig schaumig geschlagen, bis die Schaummasse richtig „fluffig" ist. Das Eiweiß mit der Prise Salz steif schlagen. Den Zitronenabrieb und den Zitronensaft auf die Eidotter-Schaummasse geben. Das mit Backpulver und Bourbon-Vanille gemischte Mehl abwechselnd vorsichtig unter die Eischaummasse heben.

Der Teig wird in eine Springform gefüllt und im Backofen bei 170 °C ca. 50–60 Minuten gebacken.

Aus dem Backofen nehmen und etwa 5 Minuten in der Form auskühlen lassen und dann aus der Form nehmen und auf einem Gitterboden komplett abkühlen lassen.

Sauerkirsch-Füllung

Zutaten

1 Glas Sauerkirschen
200 g Honig
750 ml Sahne
3 Päckchen Sahnesteif
6 Blatt Gelatine
4 EL Sauerkirschmarmelade
20 ml Apfelsaft
½ TL Bourbon-Vanille
½ TL Zimt

Zubereitung

Die Sahne mit Honig und Sahnesteif aufschlagen. Die Blattgelatine in etwas Sauerkirschsaft quellen lassen und nach Packungsanweisung auflösen. Die Sauerkirschen abtropfen lassen und pürieren. Die aufgelöste Gelatine wird unter das Sauerkirschmus gerührt. 4 EL von dem Mus beiseitestellen für die Verzierung am Ende. Ein Drittel der Sahne abtrennen und mit der Hälfte des Sauerkirschmuses vermengen.

Den Buchweizen-Biskuitboden (Seite 116 Grundrezept) zweimal durchschneiden. Auf den unteren Boden die Sauerkirschsahne streichen und den nächsten Boden aufsetzen. Diesen mit dem Apfelsaft tränken und mit der Sauerkirschmarmelade bestreichen. Ein Drittel der weißen Sahne noch auf die Marmelade streichen und den letzten Boden auflegen.

Die komplette Torte mit der restlichen Sahne bestreichen und oben mit dem beiseitegestellten Sauerkirschmus marmorieren.

Honig-Apfelkuchen

Zutaten

Teig

150 g Dinkelmehl (Type 630)

100 g Buchweizenmehl

125 g kalte Butter

70 g Blütenhonig

2 Eier

Belag

1 kg säuerliche Äpfel (Boskop, Brettacher)

4 EL Zitronensaft

¾ Liter Cidre (oder ½ Liter Apfelsaft und ¼ Liter Beerensaft)

170 g Honig

2 Päckchen Vanille-Puddingpulver

½ TL Zimt

400 ml Sahne

½ TL Bourbon-Vanille

1 TL Blütenhonig

2 EL Rohkakaopulver und Zimt gemischt

Zubereitung

Aus Mehl, Butter, Honig und Eiern einen Mürbteig herstellen und gut durchkneten. Im Kühlschrank am besten über Nacht, aber mindestens 2 Stunden vor der Weiterverarbeitung kühlen.

Die Äpfel schälen, vierteln und vom Kerngehäuse befreien. Würfel aus den Äpfeln schneiden und mit dem Zitronensaft beträufeln.

Den Cidre oder Apfelsaft mit 170 g Honig, Puddingpulver und dem Zimt vermischen und wie Pudding aufkochen lassen.

Den Backofen auf 200 °C vorheizen und die Springform einfetten.

Den Teig auf etwas Mehl ausrollen und in der Springform auslegen. Einen 4–5 cm hohen Rand hochziehen. Die Äpfel auf dem Teigboden gleichmäßig verteilen. Die Puddingmasse nochmals rühren und über die Äpfel gießen.

Den Kuchen die ersten 20 Minuten bei 200 °C backen (Umluft) und danach noch weitere 45 Minuten bei 170 °C fertigbacken.

Den Kuchen aus dem Backofen nehmen und auf einem Kuchengitter auskühlen lassen. Erst danach aus der Form nehmen, damit er nicht zerfällt, solange die Puddingmasse noch warm ist.

Die Sahne mit dem Honig und der Bourbon-Vanille steif schlagen und auf dem Kuchen verteilen. Mit der Kakao-Zimt-Mischung bestäuben.

Zur Adventszeit kann die Puddingmasse auch gut mit weihnachtlichen Gewürzen abgeschmeckt werden.

Apfelblüten bieten den Bienen reichlich Nektar im Frühling und Apfelblütenhonig vom Imker schmeckt wunderbar leicht und kristallisiert ganz fein aus. Kristallisierter Apfelblütenhonig mit gemahlener Pfefferminze und Rohkakaopulver gemischt ist erfrischend für Desserts und sonstige Nachspeisen.

Der Kuchen kann gut am Vorabend gebacken werden, dann kann er über Nacht komplett auskühlen und ist am nächsten Tag schnittfest, um ihn umdrehen zu können.

Honig-Käsekuchen

Zutaten

Teig

6 Eier

1 Prise Salz

125 g weiche Butter

100 g Akazienhonig

½ unbehandelte Zitrone (Saft und Abrieb)

500 g Heumilchquark

500 g Mascarpone, ersatzweise Doppelrahm-Frischkäse

2 Päckchen Vanille-Puddingpulver

3 gehäufte EL Buchweizenmehl

½ Päckchen Backpulver

Belag

Honig zum Bestreichen

ca. 500 g Quitten oder säuerliche Äpfel

130 g Walnussbruch

Zubereitung

Den Boden der Springform mit Backpapier auslegen und mit Honig bestreichen. Den Walnussbruch am Rand verteilen oder gleichmäßig auf dem Boden. Anschließend den Boden der Tortenform mit den geschälten und in Spalten geschnittenen Quitten oder Äpfeln belegen.

Den Backofen auf 160 °C vorheizen.

Für den Teig

Die Eier in Eigelb und Eiklar trennen. Die Butter mit dem Honig schaumig schlagen. Die Eigelb nach und nach unterrühren. Den etwas abgetropften Heumilchquark, den Mascarpone und das Puddingpulver unterrühren.
Die Eiweiß mit dem Salz steif schlagen. Mit dem Buchweizenmehl, Backpulver und der Zitrone vorsichtig unter die Quarkmasse heben.
Den Teig gleichmäßig auf den Quitten bzw. Äpfeln verteilen.
Im 160 °C vorgeheizten Backofen ca. 1¼ Stunden backen. Den Kuchen komplett in der Springform erkalten lassen. Den Rand der Springform entfernen. Eine Tortenplatte vorsichtig auf den Kuchen oben auflegen. Den Kuchen zwischen der Tortenplatte und dem Springformboden wenden, ohne dass der Kuchen gedrückt wird und die Quitten oben sind. Der Springformboden kann jetzt entfernt werden und das Backpapier wird seitlich vorsichtig abgezogen.

Das Buchweizenbrot kann wie jedes andere Brot zur Brotzeit gegessen werden. Getoastet am Morgen ist es wie ein Toastbrot zu verwenden. Aber auch für unterwegs, in der Schule oder beim Wandern können Sie damit die Brotzeitschnitten schmieren.

Buchweizenbrot glutenfrei

sehr einfach

Zutaten

500 g Buchweizen
2–3 EL Brotgewürz grob
½ TL Natursalz

Zubereitung

Buchweizenkörner im Ganzen in Quellwasser für ca. 8 Stunden einweichen. Entweder morgens vor der Arbeit oder am Abend und man lässt es über Nacht einweichen.
Danach den Buchweizen mithilfe eines Siebs so lange waschen, bis das Wasser klar nach unten abläuft.
Die eingeweichten Buchweizenkörner im Mixer mit dem Brotgewürz und Natursalz mixen und ggf. nochmals etwas Quellwasser dazugeben, bis der Teig leicht vom Löffel fällt.
Legen Sie eine Kastenform mit Backpapier aus und füllen Sie den Teig ein. Anschließend nochmals mindestens 24–30 Stunden ruhen lassen.
Den Backofen auf 175 °C aufheizen und das Brot in den kalten Ofen schieben. Die Backzeit beträgt 1 Stunde und 40 Minuten.
Anschließend das Brot aus dem Backofen nehmen, aus der Kastenform stürzen und auf einem Gitter auskühlen lassen. Es ist ein sehr saftiges Brot.

NACHSPEISEN

Karamell-Joghurt

Zutaten

200 g Walnüsse gehackt
200 g Blütenhonig (Lindenblüten oder Akazienhonig)
2 säuerliche Äpfel
½ Bio-Zitrone (unbehandelt)
1 Prise Propolis-Salz (vgl. S. 79)
Zimt und Bourbon-Vanille
300 g Heumilchjoghurt
Stampfhonig oder Honig mit Wabenanteil vom Imker

Zubereitung

Die Äpfel waschen, vom Kerngehäuse befreien, in Stücke schneiden, mit dem Saft der Zitrone marinieren und beiseitestellen. Walnüsse in einer Pfanne kurz anrösten. Den Blütenhonig dazugeben und leicht karamellisieren lassen. 2 EL vom Nuss-Karamell zur Seite stellen. Die Äpfel mit Zitronensaft, Zimt und Bourbon-Vanille zu den Honig-Walnüssen geben und die Äpfel kurz erwärmen. Von der Platte nehmen und abkühlen lassen. Die Nüsse abwechselnd mit dem Joghurt in Gläser füllen und mit dem Nuss-Karamell und dem Stampfhonig vom Imker garnieren.

Versuchen Sie, komplett unbehandelte Früchte zu erhalten, die weder konventionell noch biologisch behandelt wurden.

Maronen-Joghurt

Zutaten

200 g Maronen (gekocht)
200 g Akazienhonig
300 g Heumilchjoghurt
200 g Heumilchquark
1 Bio-Zitrone (Abrieb und Saft)
100 g Brombeeren (oder gemischte Beeren)
1 TL Zimt
ca. 2 EL Wabenhonig

Zubereitung

Maronen hacken und in einer Pfanne kurz anrösten. Anschließend 2 EL vom Akazienhonig mit den Maronen noch karamellisieren und von der Herdplatte nehmen. Den Joghurt, Quark und den Abrieb der Zitrone mit dem Saft der Zitrone, den Brombeeren und dem Rest des Akazienhonigs verrühren.
2 EL der gerösteten Maronen beiseitestellen. Die restlichen karamellisierten Maronenstücke vorsichtig unter den Joghurt mischen. Die verbliebenen Maronenstückchen mit dem Wabenhonig als Topping auf die Schälchen verteilen.

Wenn Sie Heumilchprodukte verwenden, fördern Sie die Weidehaltung für die Rinder.

Karamellisierte Quitte

Zutaten

2 Quitten

4 EL Honig

1 EL Heumilchbutter

Wabenhonig

Es kann hier natürlich auch anderes säuerliches Obst wie ein Apfel oder Zwetschgen Verwendung finden.

Zubereitung

Die Quitten schälen und vierteln. Vom Kerngehäuse befreien und in Spalten schneiden. Butter in einer Pfanne schmelzen und die Quitten sanft für einige Minuten dünsten. Nach dem Wenden den Honig noch in der Pfanne karamellisieren lassen. Die Quitten sollten noch bissfest sein. Prüfen Sie die Bissfestigkeit, da es je nach Dicke der Spalten und der Quittenart unterschiedlich lange dauert.

Servieren Sie die Quittenspalten noch warm mit Honig-Eis und geben Sie Wabenhonig dazu. Die Minz-Schoko-Creme von S. 114, in Spalten geschnitten, passt ebenfalls perfekt.

Honig-Eis

Vom leichten Akazienhonig bis zum dunklen Buchweizenhonig kann man jeden Honig verwenden. Es ist nur zu berücksichtigen, dass je dunkler der Honig ist, umso intensiver ist sein Geschmack im Endprodukt. Dies kann aber gerade die besondere Note des Vanilleeises ausmachen.

Zutaten für Vanille-Eis

3 Eier

1 Prise Salz

200 g flüssiger Honig

¼ Liter Sahne

1 TL Bourbon-Vanille

Zubereitung

Eier trennen und das Eiweiß mit der Prise Salz steif schlagen. Eigelb mit dem Honig schaumig rühren und die Sahne mit der Bourbon-Vanille aufschlagen, aber nicht komplett steif. Alle drei Komponenten vorsichtig vermengen und in einen gefriergeeigneten Behälter füllen und einfrieren.

Brombeeren blühen von Mai bis September und bieten wertvolle Nahrung für Bienen und Menschen

Beeren-Eis ohne Milch

Zutaten

4 Eier

1 Prise Salz

200 g flüssiger Honig

150 g Beeren (Heidelbeeren, Brombeeren oder gemischte Beeren)

½ TL Bourbon-Vanille

½ TL Zimt

Wenn Sie gefrorene Beeren verwenden, lassen Sie diese etwas antauen und pürieren Sie sie dann, damit sie sich gut mit den Schaummassen verbinden.

Zubereitung

Die Eier vorsichtig trennen. Eischnee mit der Hälfte des Honigs und dem Salz aufschlagen. Die andere Hälfte Honig mit dem Eigelb, der Vanille und dem Zimt fluffig aufschlagen. Die Beeren pürieren und alles vorsichtig mit einem Kochlöffel untermischen. In einen gefriergeeigneten Behälter füllen und einfrieren.

Beeren-Eis (vegan)

Zutaten

200 g Beeren (gemischt oder einzelne Sorten)
250 g flüssiger Honig
1 TL Bourbon-Vanille
1 TL Zimt
½ TL Kardamom
Stampfhonig mit Bienenbrot

Mit dem Honig und den Beeren erhalten Sie eine süße Nachspeise, die gleichzeitig das Immunsystem unterstützt.

Zubereitung

Alle Zutaten miteinander mixen und in Eiswürfelbehälter einfrieren oder dünn auf ein Blech streichen und einfrieren. Vor dem Servieren herausnehmen und nochmals im Mixer kurz aufschlagen und in Eisschalen mit Beeren und dem Stampfhonig mit Bienenbrot („Wikingerhonig") anrichten.

Maronen-Marmelade

Zutaten (für ca. 500 ml)

400 g vorgegarte Maronen (vakuumverpackt oder frisch gegart wie auf S. 91 und 92 beschrieben)

1 Bio-Zitrone

½ TL Bourbon-Vanille

½ TL Zimt

200 g Blütenhonig

ca. 50 ml Wasser

Zubereitung

Von der Zitrone die Schale abreiben und die Zitrone auspressen. Alle Zutaten in einem Topf erhitzen und ca. 10 Minuten köcheln lassen. Die Maroni fein zerdrücken, alles nochmals aufkochen lassen und noch heiß in kleine sterile Gläser einfüllen und verschließen. Langsam abkühlen lassen.

Die Marmelade ist einige Monate bei Raumtemperatur haltbar.

Der Maronenbaum ist ein Zukunftsbaum. Er wird mittlerweile in ganz Deutschland gepflanzt und verträgt auch Trockenheit, weil er eine tiefe Pfahlwurzel ausbildet und die Feuchtigkeit von weit unten noch nutzen kann.

Honig-Maronen

Zutaten

300 g vorgegarte und geschälte Maronen (evtl. vakuumverpackt)

50 g Buchweizenhonig (Waldhonig)

1 EL Pfeffer gemahlen

2 EL getrocknete Blütenmischung ganz fein gemahlen

1 EL Propolis-Salz aus der Mühle

Spieße zum Aufstechen

1 Apfel

Zubereitung

Pfeffer, Blütenmischung, Propolis-Salz in einem kleinen Schälchen mischen. Den Honig in einer Pfanne leicht erwärmen und die Maronen darin schwenken. Anschließend werden die Maronen in der Blütenmischung gewälzt, mit einem Zahnstocher aufgespießt und mit dem Apfel ein Igel gestaltet. Schmeckt wunderbar als kleine Knabberei am Abend oder mit Freunden.

Die Pflanzenteile der Seifenblume wurden früher zum Wäschewaschen und für die Reinigung verwendet.

Heilendes & Pflegendes aus dem Bienenstock

SCHÄTZE AUS DEM BIENENSTOCK

Honig, Pollen, Bienenbrot & Co. helfen den Bienen, dass sie gesund bleiben, dass sich im Bienenvolk keine Krankheitserreger vermehren können und dass das Zusammenleben der vielen Bienen überhaupt möglich ist.

Wir wiederum können die Bienenprodukte für uns verwenden, welche von den Bienen nicht benötigt und im Überfluss eingetragen werden. Hierbei ist natürlich wichtig, das Gleichgewicht für die Bienen zu halten, sodass wir deren Gesundheit nicht gefährden.

Die nachfolgenden Rezepte stellen nur einen kleinen Ausschnitt dar, mit dem ich zeigen möchte, wie vielfältig wir uns mit wenigen natürlichen Produkten gesund erhalten und bei Krankheiten deren Verlauf positiv beeinflussen können.

Der Bärlauch hilft uns im Frühjahr, unseren Körper zu reinigen und zu entgiften. Die Bienenprodukte ebenfalls

OXYMEL – ESSIG UND HONIG FÜR DIE GESUNDHEIT

In diesem Kapitel stelle ich Rezepturen vor, die wir für unsere Gesundheit, bei Krankheit und zur Pflege einsetzen können. Dazu gehört auch die Kategorie der Oxymele, die lange Zeit wenig Beachtung fand und sich seit einigen Jahren wieder einer wachsenden Beliebtheit erfreut.

Auch mich fesselt dieses Thema bereits seit einigen Jahren, weil wir mit Oxymelen die Möglichkeit haben, selber schnell und einfach Rezepturen herzustellen, die uns bei Krankheiten unterstützen. Selbst im Alltag angewendet hilft es unserem Immunsystem und stärkt die Vitalität. Bereits unsere Vorfahren vertrauten über Tausende von Jahren darauf und entwickelten immer wieder neue Rezepturen.

Was ist Oxymel?

Oxymel ist eine Mischung aus Essig und Honig in verschiedenen Mischverhältnissen, je nach Anwendungsbedarf. In alten überlieferten Schriften wird die Wirkungsweise von verschiedenen Rezepturen dargelegt. Auch neuere Publikationen, die öffentlich zugänglich sind, beschreiben die positiven Wirkungen der einfachen Mischungsverhältnisse von Essig-Honigen. Das Grundrezept besteht aus Apfelessig und Blütenhonig.

Die einfache Mischung aus Essig und Honig wird auch als „Oxymel simplex" bezeichnet.

Wie ab Seite 47 beschrieben, hat Honig viele nachgewiesene gesundheitsfördernde Inhaltsstoffe, sodass Honig für sich allein bereits ein wunderbares Heil- und Regenerationspotenzial hat. Auch die Wirkstoffe des Essigs sind für sich allein gesehen sehr gut belegt und Essig wird in vielen Bereichen für die Gesundheitsförderung und bei Krankheiten eingesetzt. Wenn wir jetzt diese zwei Komponenten zusammenführen, kann sich in der Synergie eine gesteigerte Wirkungskraft entfalten.

Oxymel mit Pflanzen

Werden bei der Oxymel-Herstellung außerdem Heilkräuter, Gewürze oder Beeren beigefügt, dann erweitert sich die Heilwirkung zusätzlich um die heilkräftigen Inhaltsstoffe der Pflanzen. Auch Sortenhonige, die auf bestimmte Pflanzen zurückzuführen sind, gehören in diesen Pflanzenwirkstoffbereich. Damit lassen sich die Oxymele noch spezifischer zubereiten. So kann z. B. die Zugabe von Lindenblüten beim Oxymel-Auszug mit Lindenblütenhonig und Essig noch konkreter bei

In diesem Kapitel mit heilenden und pflegenden Rezepten werden Anhaltspunkte gegeben, wofür die einzelnen Produkte eingesetzt werden können. Dies ersetzt jedoch bei Krankheitsbeschwerden nicht den Besuch beim Therapeuten und sollte von Ihnen im Einzelfall gut abgeschätzt werden.

trockenem Husten eingesetzt werden, weil die Wirkstoffe der Lindenblüte additiv für die Gesundheit mitwirken können. Oder Bitterkräuter für die Verdauung in Kombination mit einem bitteren Honig wie Kastanienhonig.

Auf diese Weise kann in allen Richtungen das entsprechende Heilkraut zugesetzt werden, um den verschiedenen Krankheitsbildern entgegenzuwirken oder die Gesundheit zu unterstützen. Dies sollte natürlich immer mit Bedacht geschehen, weil jedes natürliche Heilmittel Einfluss auf unseren Körper hat.

Oxymel und Bienenprodukte

Das einfache Oxymel wird mit Blütenhonig und Apfelessig eingenommen. Dabei ist der Honig bereits ein Produkt aus dem Bienenstock, jedoch kann dies nochmals verfeinert werden, indem man Sortenhonige verwendet, wie Kornblumenhonig oder Heidehonig, denen selbst zusätzliche gesundheitsfördernde Eigenschaften zugrunde liegen. Zusätze von Pollen, Bienenwachs, Wabenhonig, Bienenbrot oder Pollen können ebenfalls das Oxymel ergänzen, was die Tinktur oder Salbe nochmals intensiviert. So kann z. B. Propolis die Entzündungshemmung zusätzlich verstärken.

Einsatzmöglichkeiten von Oxymelen

Oxymele können bereits in der täglichen Ernährung eine große Rolle spielen, wenn wir sie mit unseren Getränken oder unserem Essen regelmäßig zu uns nehmen, um unsere Gesundheit optimal zu unterstützen. Bei Belastungssituationen wie Sport oder Wanderungen ist eine zusätzliche Mineralienunterstützung hilfreich mit isotonischen Getränken.

Äußerlich über die Haut oder die Atemwege lässt sich Oxymel ebenfalls anwenden. Da die Haut unser größtes Organ bezüglich der Oberfläche zur Außenwelt ist, können wir hier sehr viel bewirken. Durch Inhalationen können wir die Wirkstoffe ins Innere unseres Körpers bringen. Außerdem haben wir die Möglichkeit, mit Salben, Cremes, Tinkturen und Dampfbädern zu arbeiten.

Oxymel-Wirkung ohne Alkohol

Am Schluss meiner kurzen Ausführung möchte ich noch darauf hinweisen, dass wir mit Oxymelen die Möglichkeit haben, Auszüge ohne Alkohol herstellen zu können und trotzdem ein weites Wirkspektrum für unseren Körper zu haben. Auf diese Weise ist der Einsatz von Oxymelen sehr gut bei Kindern möglich und bei Mitmenschen, die auf Alkohol verzichten sollen.

In diesem Kapitel habe ich den Oxymelen einen weiten Platz eingeräumt, weil wir mit dem Kauf und der Verwendung von Obstessigen gleichzeitig wieder den Bienen Nahrung zur Verfügung stellen können, genauso wie mit den Heil- und Wildkräutern aus unserem Umfeld. Zusätzlich geben uns die Bienen wiederum die Bienenprodukte, mit denen wir die Oxymele bereichern können.

Rosen-Oxymel

Wirkt ausgleichend und verschafft ruhigen Schlaf.

Zutaten

- 2 Tassen mit frischen Duftrosenblüten
- 150 g Honig (ein leichter Honig wie Akazienhonig bietet sich an)
- 50 g Weißweinessig
- 1 Prise Natursalz

Zubereitung

Die Rosenblüten in einem Mixer fein pürieren. Dies beschleunigt die Extraktion. Alle Zutaten in ein Glas füllen und mit einem Holzstab umrühren.
Den Ansatz 2–3 Wochen kühl und dunkel aufbewahren und evtl. mehrmals schütteln. Am Ende den Auszug filtern und in ein steriles Glas füllen (z. B. Blau- oder Braunglas).

Haltbarkeit

Mindestens ein halbes Jahr bei kühler und dunkler Lagerung.

Anwendung

3 EL Oxymel in 1 Liter Wasser auflösen und über den Tag verteilt trinken. Gerne kann der Auszug auch für die Küche verwendet werden, z. B. als Salatdressing.

Wirkung

Die Rose ist die Blüte der Liebe und Harmonie. Sie wirkt nervenstärkend, beruhigend und ausgleichend bei seelischer Anspannung und fördert auch einen gesunden Schlaf. Das Oxymel wirkt antibakteriell und unterstützt die Entgiftung.

Heidelbeer-Oxymel

Wirkt verdauungsfördernd, immunstärkend und grippevorbeugend

Zutaten

100 g Heidelbeeren
300 g Wald- oder Buchweizenhonig
100 g Essig
½ TL Natursalz/Steinsalz

Zubereitung

Die Heidelbeeren mörsern oder mixen. Alle Zutaten werden in einen Topf gegeben und erhitzt. Die Masse ca. 5 Minuten unter Rühren einkochen und in kleine sterile Gläser füllen.

Haltbarkeit

Mindestens ein Jahr. Wenn das Glas geöffnet ist, im Kühlschrank aufbewahren.

Anwendung

Das Oxymel kann als isotonisches Getränk oder Erfrischungsgetränk täglich genutzt werden. Dazu 3 EL mit 1 Liter Wasser verdünnen, gerne auch die Mischung an den eigenen Geschmack oder an den Geschmack der Kinder anpassen.
Bei Beschwerden kann man über den Tag verteilt öfters einen Teelöffel mit dem Oxymel auf die Zunge geben und langsam schlucken.

Wirkung

Die Heidelbeere hat einen hohen Anteil an Gerbstoffen und kann deshalb bei Durchfallerkrankungen eingesetzt werden. Das Oxymel mit Heidelbeere hilft bei Kreislaufbeschwerden und unterstützt die Gewebeheilung. Die gesundheitsfördernden Pflanzenfarbstoffe (Anthocyane) wirken antioxidativ und als Radikalfänger. Die Beeren wirken immunstärkend und unterstützen den Körper bei der Abwehr von Bakterien, Viren und Pilzen.

Kräuter-Oxymel

Der Verdauungstrakt wird angeregt und Sie beugen durch die enthaltenen Bitter- und Gerbstoffe Entzündungen vor; Giftstoffe werden aus dem Körper leichter ausgeschieden.

Zutaten

300 g Blütenhonig oder (Edel-)Kastanienhonig

100 g Apfelessig oder Fruchtessig

100 g getrocknete Kräuter (Rosmarin, Schafgarbe, Brennnessel, Thymian, Lavendel, Ringelblume)

½ TL Natursalz

Zubereitung

Die Kräuter pulverisieren und alle Zutaten in ein Glas mit Deckel füllen. Im Dunkeln ca. 4–8 Wochen reifen lassen. Zwischendurch immer wieder durchschütteln. Das Oxymel wird nicht gefiltert.

Haltbarkeit

Verschlossen mindestens ein Jahr haltbar.

Anwendung

Das Kräuter-Oxymel kann täglich zur Verdauungsförderung verwendet werden. Vor dem Gebrauch bitte gut schütteln, damit sich die Kräuter wieder verteilen. 5 EL in ein Glas geben und mit Wasser auffüllen.

Für die Heilkreide-Umschläge (vgl. S. 144) kann das Kräuter-Oxymel verwendet werden.

Rühren Sie 1 EL in 100 g Honig ein. Von diesem Honig können Sie täglich etwas in Ihr Müsli oder Porridge geben.

Rosmarin ist für Wild- und Honigbienen eine gute Nektarpflanze und kann in einem Kräutertopf auf Balkon, Terrasse und Fensterbrett angepflanzt werden, sodass wir mit gemischten Kräutertöpfen auch die Insektenvielfalt fördern.

Wirkung

Die Bitterstoffe regen Entgiftungsprozesse im Körper an. Gleichzeitig werden mit dem Oxymel aber auch Mineralien aus den Kräutern aufgenommen und Leber und Niere angeregt.

Rosmarin wirkt sich positiv auf unser Gedächtnis aus. Er wirkt antibakteriell, antiviral, antioxidativ, antidiabetisch, entzündungshemmend und harntreibend. Er sollte nicht nur in Tinkturen herangezogen werden, sondern auch unsere tägliche Ernährung bereichern.

Gemmotonikum mit Mai-Wipfeln

Wirkt durchblutungsfördernd, blutreinigend und stärkend

Zutaten

1 Tasse Fichten-Mai-Wipfel
200 g Waldhonig
100 g Apfelessig
½ TL Natursalz

Zubereitung

Die Mai-Wipfel mit dem Mörser zerkleinern, alle Zutaten in ein Glas füllen und mit einem Holzlöffel umrühren. Für einen Monat kühl und dunkel lagern. Zwischendurch das Glas schütteln.

Das fertige Gemmomazerat filtrieren und in kleine Gläschen abfüllen. Für eine raschere Anwendung kann der Auszug auch erhitzt werden und steht dann gleich zur Verfügung.

Haltbarkeit

Kaltauszug bis zu einem halben Jahr. Bei einem Auszug mit Erhitzung verlängert sich die Haltbarkeit auf ein Jahr und das Produkt steht dann auch für den nächsten Herbst und Winter zur Verfügung, wenn die Erkältungszeit bevorsteht.

Anwendung

1 TL Gemmotonikum morgens auf nüchternen Magen im Mund zergehen lassen. Es kann auch 1 TL in einem Viertelliter Wasser verdünnt vor dem Frühstück getrunken werden. Bei Erkältungen mehrmals am Tag 1 TL auf die Zunge geben und langsam schlucken.

Wirkung

Die Mai-Wipfel wirken unterstützend bei Erkältungen der Atemwege und Halsschmerzen. Sie sind wirksam gegen Mikroorganismen und wirken durchblutungsfördernd. Das Gemmotonikum wirkt auch antidegenerativ, insbesondere für den Knochenapparat, und ist entzündungshemmend. Es kann auch bei Übersäuerung angewendet werden.

Von den feinen Triebspitzen bis zum Samen wird die Brennnessel oberirdisch genommen

Brennnessel-Oxymel

Wirkt blutbildend, aufbauend und nährend

Zutaten

40 g frische Brennnesselblätter und -samen gemischt oder 20 g getrocknete

100 g Honig (z. B. Waldhonig oder Kornblumenhonig)

50 g Apfelessig

Zubereitung

Die Brennnesseln mixen oder pulverisieren. Alle Zutaten in ein Glas füllen und mit einem Holzlöffel umrühren. Das Oxymel wird nicht filtriert.

Haltbarkeit

Verschlossen ein Jahr haltbar (kühl und dunkel lagern – Blau- oder Braunglas ist ideal).

Anwendung

1–2 EL in einem ½ Liter Wasser auflösen und über den Tag verteilt trinken. Gerne kann bereits morgens, auf nüchternen Magen, der erste Schluck getrunken werden. Das ungefilterte Oxymel am besten vor dem Gebrauch nochmals schütteln, damit sich die Brennnessel in der Flüssigkeit wieder verteilt.

Wirkung

Die Brennnessel kann bei rheumatischen Beschwerden unterstützend eingesetzt werden. Sie fördert und stabilisiert die Verdauung. Innerlich angewendet wird Brennnessel volksmedizinisch für die Blutbildung eingesetzt und kann dadurch auch als isotonisches Getränk verwendet werden. Sie hemmt Entzündungen und unterstützt dadurch nochmals die Wirkung von Honig und Essig.

Tipp

Der Brennnesseltee ist entgiftend und leitet Schlacken aus dem Körper, ist aber auch entmineralisierend. Deshalb sollte Brennnesseltee nur für eine Kur von zwei bis maximal drei Wochen eingenommen werden, danach pausieren.

Im Gegensatz dazu wirkt die Brennnessel aufbauend und mineralisierend, wenn sie im Ganzen eingenommen wird. Sie gibt dem Körper alles, was er benötigt. Deshalb kann die Brennnessel immer gegessen werden.

Apimel mit Blütenpollen

Wirkt zellschützend, zellaufbauend und vitalisierend

Zutaten

100 g Blütenpollen (Pollen haben die unterschiedlichsten Farben; sie sind im Einkauf polyfloral und dadurch eine bunte Mischung)

100 g Honig

20 g Essig (Honigessig oder Apfelessig)

1 EL Olivenöl

Zubereitung

Blütenpollen im Mixer pulverisieren oder im Mörser aufbrechen. Alle Inhaltsstoffe in ein Glas füllen und gut umrühren. Die nächsten 2 Wochen immer wieder das Glas schütteln, damit sich alles gut miteinander verbindet. Es wird nicht filtriert.

Haltbarkeit

Bis zu einem Jahr bei kühler und dunkler Lagerung.

Anwendung

Zur Immunstärkung und Vitalitätssteigerung 1 EL pur oder mit etwas Flüssigkeit einnehmen.

Wirkung

Apimel wirkt aufbauend, zellschützend und regenerierend. Es fördert das Immunsystem und wirkt antioxidativ. Nach Erkrankungen stärkt es den Körper und unterstützt die Vitalität. Der Pollen enthält vieles, was die menschliche Zelle benötigt (gut verfügbares Eiweiß, Enzyme, Vitamine, Mineralien und Phytohormone). Mit Pollen kann Vitamin C länger im Körper gehalten werden.

Rügener Heilerde

Die natürliche Kreide von der deutschen Ostseeinsel Rügen ist besonders reich an natürlichen Mineralien. Sie wird besonders gut von der Haut vertragen und die Zellerneuerung und die Selbstheilungskräfte der Haut werden aktiviert.

Gesichtsmaske

Zutaten

50 g Rügener Heilkreide

50 g Blütenhonig (Kornblumenhonig)

3 Tropfen Propolis-Tinktur

10 g Kornblumen-Hydrolat (ersatzweise Quellwasser oder gefiltertes Wasser)

Zubereitung

Das Kornblumen-Hydrolat auf ca. 30 °C erwärmen. Mit Honig, Heilkreide und Propolis zu einer homogenen Masse vermischen. Sollte die Konsistenz noch etwas zu flüssig sein oder zu fest, dann mit der Heilkreide oder dem Hydrolat ausgleichen.

Ein Jungbrunnen für Ihre Haut und für ein strahlendes Lächeln.

Verwendung

Die weiße Masse noch warm auf das Gesicht auftragen und eine ½ Stunde einwirken lassen.
Danach mit feuchten Händen mit kreisenden Bewegungen einmassieren und anschließend mit einem warmen feuchten Lappen vorsichtig entfernen. Mit einer geeigneten Propolis-Salbe oder Oxymel-Salbe eincremen.

Wirkung

Die Maske aktiviert die Durchblutung und durch die kreisenden Bewegungen erfolgt ein sanftes Peeling der Haut. Gleichzeitig nähren Honig und Kreide die Haut mit den nötigen Mineralien und Spurenelementen und fördern die Hautregeneration auf eine behutsame Weise.

Honig und Pollen für Ihr Dekolleté

Schützen Sie Ihre Haut vor Umwelteinflüssen und helfen Sie bei der Regeneration und Reinigung der Zellen auf und unter der Haut.

Zutaten

50 g Rügener Heilkreide

10 g frischer Pollen oder getrockneter Pollen pulverisiert

50 g Blütenhonig

10 g Rosenblüten-Hydrolat

Zubereitung

Das Hydrolat auf ca. 30 °C erwärmen und mit den anderen Zutaten mischen. Eine ½ Stunde ziehen lassen, damit es bindet. Bei Bedarf die Konsistenz mit Heilkreide oder Hydrolat ausgleichen.

Verwendung

Die Masse auf das Dekolleté und den Schulterbereich sowie den Hals verteilen und mit kreisenden Bewegungen ein sanftes Peeling durchführen. Anschließend noch ca. 20 Minuten einwirken lassen. Danach die Masse mit einem warmen feuchten Tuch/Waschlappen abwaschen und mit einer geeigneten Propolis-Salbe oder Oxymel-Salbe eincremen. Auch alternativ als Gesichtsmaske anwendbar.

Heilwirkung

Rosenblüten werden bei Akne und überreizter Haut angewendet und wirken entzündungshemmend. Die Maske nährt gleichzeitig die Haut und frischt das Dekolleté auf. Verwenden Sie die Maske einmal wöchentlich zur Unterstützung Ihrer Haut.

Heilkreide-Umschläge

Diese Umschläge lindern Entzündungen und helfen auch bei stark beanspruchter Haut. Verwenden Sie die Umschläge auch an stark beanspruchten Gelenken, um diese zu entlasten.

Zutaten

50 g Rügener Heilkreide

20 Tropfen Propomel
(vgl. hierzu Rezept S. 145)

10 Tropfen Propolis-Tinktur 20–30 %

50 g Kornblumenhonig

10 g Kräuter-Oxymel
(vgl. hierzu Rezept S. 138)

Zubereitung

Alle Zutaten bei Zimmertemperatur vermischen und etwa eine ½ Stunde ziehen lassen, damit die Komponenten sich gut miteinander verbinden können.

Verschlossen in einem sterilen Glas ist die Masse auch längere Zeit haltbar. Entnehmen Sie die Masse immer mit einem frischen Spatel oder Holzlöffel, damit keine Verunreinigungen entstehen.

Anwendung

Die Heilerde auftragen, mit einem feuchten warmen Tuch abdecken und mit einem trockenen Handtuch nochmals umwickeln. Für eine ½ Stunde bis zu 1 Stunde einwirken lassen. Auswickeln und nochmals leicht massieren, dass die Heilerde sich gut löst und die feinen Schleifkörner die Oberfläche leicht anregen.

Heilwirkung

An Gelenken und entzündeten Muskeln wirkt der Umschlag anregend auf die Durchblutung und fördert Stoffwechselprozesse. Die Entschlackung und die Ausscheidungsfunktion über die Haut werden angeregt. Die Selbstheilungskräfte werden durch regelmäßige Anwendung unterstützt.

Auf kleine Wunden oder Insektenstiche kann das Propomel direkt aufgesprüht werden. Da es keinen Alkohol enthält, brennt es nicht.

Propomel-Tropfen

In der Erkältungszeit und zur Immunstärkung sind diese Tropfen bei Klein und Groß gleichermaßen beliebt. Sie sind ohne Alkohol und gut verträglich.

Zutaten

50 g Roh-Propolis vom Imker oder im Fachhandel

100 g Essig

100 g Honig

100 g Quellwasser (kein destilliertes Wasser)

Utensilien

Wasserbad oder Dampfgarer; Weck-Glas mit Deckel (keinen Kunststoffdeckel verwenden); feines Sieb oder Einwegteefilter; Topflappen zum Schwenken des heißen Glases

Zubereitung

Die Roh-Propolis für einige Zeit in die Gefriertruhe geben oder sehr kaltstellen, damit sie anschließend pulverisiert werden kann. Man kann sich auch eine pulverisierte Roh-Propolis besorgen.

Die pulverisierte Propolis wird mit allen anderen Zutaten in ein Weck-Glas gegeben, verschlossen und gut durchgeschüttelt. Das Glas mit den Zutaten wird anschließend im Wasserbad oder Dampfgarer 5 Stunden bei 60 °C erwärmt. Zwischendurch ist es wichtig, dass der Ansatz immer wieder ordentlich durchgeschüttelt wird, damit sich alles gut löst.

Tipp

Beim Schütteln aufpassen, dass Sie sich nicht die Finger verbrennen, denn das Glas ist sehr heiß. Bitte das Glas dabei immer geschlossen halten. Nach 5 Stunden nehmen wir das Glas aus dem Wasserbad und lassen es verschlossen abkühlen.

Für einen intensiveren Extrakt kann dieser Vorgang noch bis zu zweimal wiederholt werden.

Nach dem endgültigen Abkühlen wird der Extrakt durch ein sehr feines Sieb oder auch durch einen Teefilter gesiebt. Anschließend füllen Sie bitte den Auszug in kleine Tropfer- oder Zerstäuber-Fläschchen (Braunglas).

Haltbarkeit

Die Tropfen sind bis zu zwei Jahre in diesen kleinen Flaschen haltbar, wenn sie verschlossen sind.

Anwendung

10–20 Tropfen jede Stunde bei Grippe oder Erkältung pur einnehmen oder 2–3 Sprühstöße direkt in den Mund geben. Am besten ist die Anwendung natürlich dann, wenn Sie die ersten Symptome bemerken.

Die Propomel-Tropfen mit 1 Esslöffel Wald-, Buchweizen- oder Kornblumenhonig mischen und auf der Zunge zergehen lassen. Das bringt dann noch die zusätzlichen Wirkstoffe des Honigs mit sich.

Oxymel-Salbe

Zur Wundheilung und bei Hautirritationen ist diese Salbe unverzichtbar. Sie ist gut verträglich und es werden ausschließlich natürliche Zutaten verwendet, die im Haushalt vorhanden sind oder beim Imker in der Nähe erworben werden können.

Zutaten für Grundrezept

10 g Buchweizenhonig oder Waldhonig (Blütenhonig kann auch verwendet werden)

15 g Weißweinessig

10 g Propolis

15 g Bienenwachs fein gerieben

100 g Olivenöl oder ein anderes neutrales Öl

Utensilien

Wasserbad oder Dampfgarer; Weck-Glas mit Deckel (keinen Kunststoffdeckel verwenden); feines Sieb oder Einwegfilter; kleines Glas; Milchaufschäumerstab oder Schneebesen; Spatel oder Holzlöffel; Portionsgläschen (können auch gebrauchte sein, wenn sie gut gereinigt und sterilisiert sind)

Zubereitung

Propolis kalt lagern oder kurz in den Gefrierschrank geben und anschließend pulverisieren. Danach alle Zutaten in ein Weck-Glas füllen. Mit einem Holzstab umrühren und gut verschließen. Das Glas nochmals gut schütteln, damit sich alles gut verteilt.

In einem Einwecktopf das Wasser auf 60 °C erwärmen und das Glas darin ca. 3 Stunden geschlossen erwärmen. Zwischendurch mithilfe eines Topflappens das Glas schwenken. Die Flüssigkeit im Glas bekommt eine braune undurchsichtige Farbe, weil sich die Stoffe lösen und die Propolis in einen Essig- und Ölauszug übergeht.

Das Glas vorsichtig aus dem Wasserbad nehmen und verschlossen leicht abkühlen lassen. Noch im warmen Zustand das Glas öffnen und den Inhalt durch ein Feinsieb in ein sterilisiertes Glas umfüllen, bevor das Bienenwachs wieder fest wird.

Die braune Flüssigkeit mit einem kleinen Milchaufschäumerstab solange rühren, bis eine homogene Masse entsteht.

Sofort noch im warmen Zustand in dunkle oder undurchsichtige Portionsgläschen füllen und gut verschließen.

Fortsetzung auf der nächsten Seite ▶

Haltbarkeit
Verschlossen bis zu einem Jahr. Die Salbe muss nicht unbedingt gekühlt werden.

Anwendung
Zur Unterstützung der Hautregeneration kann die Salbe dünn aufgetragen werden. Sie wirkt antibakteriell und entzündungshemmend, fördert die Durchblutung und Wundheilung. Sie wirkt unterstützend bei Hautunreinheiten.

Tipp
Für die Anwendung die Salbe mit einem kleinen Holzlöffel, Spatel oder Stäbchen herausnehmen und auf die Haut auftragen. Dadurch bleibt die Wundsalbe länger steril.

Wind- und Wettersalbe

Grundrezept

Für die kalte Jahreszeit sollten alle Pflegeprodukte für die Haut ohne Wasserbestandteile sein. Wasser gefriert und kann an der Oberfläche die Haut kühlen, was im Winter nicht wünschenswert ist.

Zutaten

50 g Öl (Oliven, Mandel, Jojoba usw.)
10 g Kakaobutter
5 g Bienenwachs
10 Tropfen ätherisches Öl nach Wunsch
(evtl. Propolis-Tinktur oder -Konzentrat)

Zubereitung
Öl, Kakaobutter und Bienenwachs im Wasserbad langsam schmelzen und verrühren. Aus dem Wasserbad nehmen und auf Handwärme abkühlen lassen. Das ätherische Öl und evtl. die Propolis-Tinktur unterrühren. In kleine Döschen abfüllen und komplett erkalten lassen.

Wirkung
Die Wind- und Wettersalbe schützt an sich bereits die Haut vor äußeren Einflüssen. Mit entsprechenden Pflanzenölen erreicht man zusätzlich noch die gewünschte Heilwirkung, je nach Hauttyp.

Tipp
Nachtkerzenöl wird gerne verwendet bei Schuppenflechte oder Neurodermitis. Ringelblumenöl hilft bei gereizter unreiner Haut. So können Sie für sich selbst die gewünschte Heilsalbe herstellen ohne künstliche Zusatzstoffe.

Bienenwachsauflage

Während der Grippezeit ist die Wachsauflage ein guter Begleiter für die Familie und sollte ab Herbst vorbereitet sein.

Utensilien

Rückstandsfreie Bienenwachsplatten vom Imker; Baumwollstoff; Handtuch; Mullbinde

Verarbeitung

Aus dem Baumwollstoff wird ein Rechteck genäht, das am Ende etwas größer ist als die Bienenwachsplatten. Es sollen zwei Platten übereinander noch gut eingeschoben werden können. Auf der längeren Seite bleibt die Stofftasche offen. Dadurch kann die Bienenwachsplatte nach längerem Gebrauch und wenn sie evtl. zu brechen beginnt oder spröde wird, ausgetauscht werden.
Im Stoffbeutel können die Bienenwachsplatten gut bis zur Verwendung aufbewahrt werden.

Anwendung

Die Bienenwachsplatten nochmals aus dem Stoffbeutel herausnehmen und zwischen die beiden Platten noch einige Tropfen Propolis auftropfen (Propomel oder Alkoholauszug). Danach wieder in den Stoffbeutel schieben und bei einer Erkältung auf die Brust auflegen. Ein dünnes Handtuch leicht anfeuchten und erwärmen und über die Bienenwachsauflage legen. Mit einer Mullbinde das Ganze etwas am Rumpf befestigen und sich kuschelig warm im Bett über Nacht auskurieren. Am nächsten Tag die Auflage entfernen und ggf. wiederholen, bis die Erkältung abgeklungen ist.

Tipp

Zusätzlich zur Bienenwachsauflage kann noch eine Oxymel-Salbe, oder die Wind- und Wettersalbe (Grundrezept S. 146 und 147) mit Eukalyptus auf dem Rücken aufgetragen werden, sodass diese ätherischen Öle zusätzlich die Nase befreien. Bei kleinen Kindern sollten keine ätherischen Öle direkt auf die Brust aufgetragen werden, weil diese zu stark wirken.

Lippenpflege

Zutaten

20 g Rizinusöl oder Mandelöl (kaltgepresst, kein Eigengeschmack, hohe Viskosität; das Öl ist für die Streichfähigkeit)

10 g Kakaobutter

10 g Bienenwachs

20 Tropfen Propolis-Lösung

10–20 Tropfen Eukalyptus-Öl (oder andere Geschmacksrichtung)

Utensilien

Topf fürs Wasserbad; hitzebeständiges Glas mit Ausgießer zum Schmelzen und Verrühren; Glas oder Holzstäbchen zum Rühren; kleine Döschen oder Lippenstift-Hohlkörper

Zubereitung

Bienenwachs, Kakaobutter und Öl im Wasserbad langsam schmelzen und mit einem Glas oder Holzstäbchen gut verrühren. Aus dem Wasserbad nehmen und etwas abkühlen lassen. Die Propolis-Lösung und das ätherische Öl unterrühren und in kleine Döschen oder einen Lippenstift-Hohlkörper abfüllen.
Anschließend komplett auskühlen lassen, bevor der Lippenstift verwendet wird.

Schützt empfindliche Lippen und bringt Glanz ins Gesicht.

Lavendel pflegt die Haut bei Unreinheiten und Juckreiz. Auch nach einem Sonnenbad ist das Duschgel mit den Wirkstoffen von Lavendel, Honig und Propolis eine hervorragende Hautpflege, weil es auch das Zellwachstum anregt und die gestressten Hautzellen nährt.

Honig-Duschgel

Durch den Honig nimmt die Haut bereits beim Duschen Nährstoffe auf und wird samtweich und angenehm.

Verarbeitungszeit: ca. 30 Minuten

Zutaten

20 g Natur-Olivenölseife oder naturbelassene Kernseife

200 ml Lavendel-Hydrolat oder starker Lavendeltee

1 EL Mandelöl

5 g Honig

5 EL Apfelessig

5 Tropfen Rokonsal oder 8 Tropfen Vitamin E

10 Tropfen Propolis-Tinktur (20 %)

Utensilien

Feine Küchenreibe; einen etwas höheren Topf; Schneebesen; Milchaufschäumer; Trichter; Teigschaber; Schüssel; leere gereinigte Duschgelflasche oder eine Glasflasche mit Pumpaufsatz oder einfach ein Schraubglas

Zubereitung

Die Seife fein raspeln und in warmem Wasser auflösen. Dabei so lange rühren, dass keine Feststoffe mehr vorhanden sind. Nicht kochen lassen, damit es nicht zu sehr schäumt, eher bei niedriger Hitze auflösen. Nach dem Auflösen die Flüssigkeit auf ca. 35 °C abkühlen lassen. Honig, Rokonsal oder Vitamin E mit Propolis vorsichtig einrühren und den Apfelessig ebenfalls unter ständigem Rühren untermengen. Dies kann gut mit dem Milchaufschäumer erfolgen, damit es eine schöne homogene Masse wird. Ein Schneebesen reicht aber auch aus.

Das Duschgel komplett erkalten lassen. Es dickt noch etwas nach. Sollte es zu fest werden, kann mit warmem destilliertem Wasser noch nachgebessert werden.

Nach dem Erkalten das Duschgel abfüllen. Durch das Vitamin E ist das Duschgel länger haltbar. Wer keinen Konservierungsstoff verwenden möchte, kann dies auch weglassen und sollte das Duschgel rascher verbrauchen.

Bienenstockluft

Die Atemwege werden frei und ein tiefes erholtes Durchatmen wird wieder möglich.

Die großartige Heilapotheke, die wir im Bienenstock mit seinen ganzen Bienenprodukten vorfinden, bietet uns auch die Möglichkeit, die Bienenstockluft für unsere Gesundheit und unser Wohlbefinden zu nutzen. Die Trocknung des Honigs und die Wärme im Bienenstock führen Inhaltsstoffe der eingelagerten Bienenprodukte in die Luft im Bienenvolk über. Die Luft ist angereichert mit den heilenden Wirkstoffen, die wir für unsere Atemwege sehr gut nutzen können.
Gerade im Frühling und Sommer in der Trachtzeit, wenn die Bienen sehr viel Honig eintragen, muss dieser vermehrt getrocknet werden. Die warme, mit Heilstoffen angereicherte Luft wird dann von den Bienen über das Einflugloch aus dem Bienenstock herausgefächelt. Die wohltuenden Düfte können wir bereits im Vorbeigehen vor einem Bienenstock riechen.
Nutzen können wir diese Stockluft, indem wir vor dem Flugloch diese Düfte mit einem kleinen Schlauch mit Maske für uns gezielt abfangen und einatmen.
Nachdem die Bienen diese Stockluft selbst aus dem Bienenstock herausfächeln, schaden wir hier den Bienen nicht, weil wir nicht aktiv in den Bienenstock eingreifen. Auch können wir mit dieser Methode der Stocklufttherapie unbegrenzte Zeit die heilenden Wirkstoffe aus Propolis, Honig und Pollen einatmen. Es steht uns das komplette Portfolio des Bienenstocks zur Verfügung.

Anwendung
Nehmen Sie einen bequemen Stuhl oder sogar eine Liege und stellen Sie diese neben das Bienenvolk. Gut ist es auch, wenn Sie sich eine Decke oder ein Kissen bereitlegen, um sich zu entspannen. Setzen Sie die Maske auf und legen Sie sich in die Liege. Jetzt können Sie die Stockluft intensiv über die Maske über eine unbegrenzte Zeit einatmen.

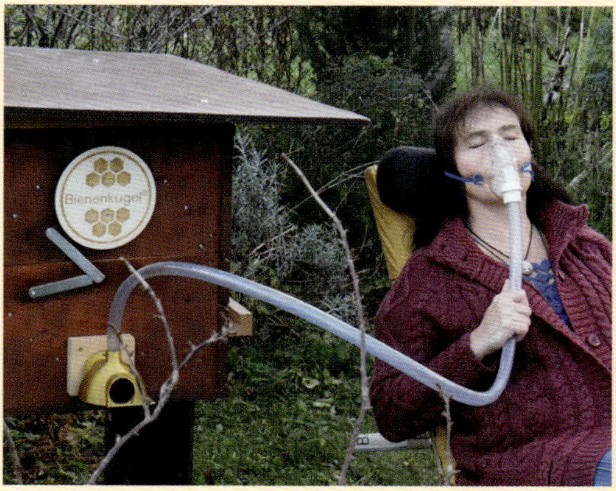

Gesundheitliche Besserung
Nebenhöhlenentzündung – chronisch obstruktive Lungenerkrankung – Bronchitis (akut oder chronisch) – Asthma – Migräne – Hauterkrankungen – Erkältungen – mentale Erschöpfung – akuter oder nervöser Stress

Vorteile der Stockluft

Mit dem Essen oder der oralen Einnahme von Pulvern oder Tabletten nehmen wir über den Darm die heilenden Stoffe auf. Über die Haut haben wir eine äußerliche Anwendungsmöglichkeit. Durch das Einatmen ergibt sich ein komplett neuer Ansatz, die Heilwirkungen nochmals über die Lunge und den Sauerstofftransport im kompletten Körper auf rasche Weise zu verteilen. Mit dieser Methode habe ich die Möglichkeit, bei Lungenbeschwerden direkt an den Ort zu kommen, wo das Problem sitzt.

Langzeitanwendung

Die Anwendung der Stockluft über das Einflugloch der Bienen ermöglicht es uns, die Stockluft über eine längere Zeit zu nutzen. Wir können mit der Maske und auf dem Liegestuhl die Stockluft auch über einige Stunden einatmen. Dadurch nehmen wir nicht nur die Heilstoffe über die Lunge auf. Durch das Summen der Bienen mit ihren Frequenzen können wir vom Alltag abschalten und die Erholungsphase für Körper, Geist und Seele setzt ein. Die Heilung bzw. Linderung der Beschwerden kann über unseren kompletten Organismus erfolgen.

Tipp

Interessant wird es dann, wenn wir diese Möglichkeit bei einem Imker erhalten, der ein Bienenvolk in einem kleinen Bienenhäuschen oder mit einem Kuppelhaus verbunden hat, in das die Stockluft von den Bienen gefächelt wird. Dann bietet sich die Möglichkeit, auf einer Liege in diesem Raum die Stockluft auch ohne Maske einzuatmen und dies evtl. auch über eine komplette Nacht. Gerade nachts, wenn alle Bienen zu Hause sind, wird noch intensiver der Honig getrocknet und die Stockluft nach außen gefächelt.
Das Wohlbefinden – über alle drei Ebenen unseres Bewusstseins – kann die Wirkung der naturheilkundlichen Therapien steigern.

Hinweis

Man sollte immer seine eigene Maske bei der Anwendung haben. Das bedeutet, dass man über den Imker oder Therapeuten so eine Maske für sich selbst erwerben kann. Nach der Anwendung ist diese auch wieder so aufzubewahren, dass sie gut austrocknen kann. Der Schlauch kann auch mit Alkohol oder heißem Wasser zwischen den Anwendungen sterilisiert werden.

Zeitliche Begrenzung

Diese Anwendung ist ab dem zeitigen Frühjahr bis in den späten Sommer möglich, weil in dieser Zeit die Bienenvölker stark sind, genügend Nektar eingetragen wird und die Bienen dadurch viel Stockluft aus dem Bienenstock herausfächeln.

Herbst und Winter

Hier besteht eine Alternative darin, dass man mithilfe eines Propolis-Zerstäubers (im Handel erhältlich) die Inhaltsstoffe der Propolis einatmen kann. So haben wir eine Möglichkeit, die kalte Jahreszeit bis zum nächsten Frühjahr zu überbrücken.

Bienen hören

Mit den Frequenzen der Bienenaktivitäten erhalten Sie eine Möglichkeit der Entspannung und Erholung und Sie kommen zur Ruhe in einer Zeit der Hektik und Reizüberflutung.
Der Bienenstock wird mit einem Hohlraum vor dem Flugloch präpariert und an diesen Hohlraum wird ein Schlauch mit dafür geöffneten Kopfhörern angeschlossen.
Die Bienen landen beim Anflug oder Abflug in diesem Klangraum und geben die Flugfrequenzen über den Schlauch an die eigens dafür umgebauten Kopfhörer weiter. Somit erhalten wir diese Frequenzen intensiv über die Ohren. Zudem werden die kompletten äußeren Geräusche, die um uns herum sind, abgeschottet. Unser kompletter Organismus ist nur für die Bienenfrequenzen empfänglich.

Anwendung
Nehmen Sie einen bequemen Stuhl oder eine Liege; eine Decke oder ein Kissen erhöhen das Wohlbefinden. Nehmen Sie die Kopfhörer und setzen diese auf und genießen Sie die verschiedenen Frequenzen der Bienen beim Anflug oder Abflug.

Gesundheitliche Wirkung
Entspannend für den ganzen Körper – beruhigend – lindert Kopfschmerzen – beruhigt den Geist – Stressbewältigung – Regeneration für den kompletten Körper

Anwendungsdauer
Wir beeinflussen die Bienen mit unserer Therapie nicht und können deshalb den Bienen über eine unbegrenzte Zeit am Tag zuhören. Deshalb ist es wichtig, dass Sie eine entspannte Sitz- oder Liegeposition einnehmen. Damit erhöhen wir den Effekt für unser Wohlbefinden im Einklang mit den Bienenfrequenzen.

Zeitliche Begrenzung
Diese Möglichkeit, unsere Gesundheit auch akustisch zu fördern, haben wir vor allem im Frühling und Sommer. Im Winter ist der Flugbetrieb bei den Bienen eingestellt. Nur an ganz warmen Tagen verlassen die Bienen ihren Stock für kurze Zeit. Wie die Anwendung von Bienenstockluft zur Inhalation ist deshalb auch diese akustische Möglichkeit zeitlich eingeschränkt.

Eine neue Biene schlüpft aus der Wabenzelle, in der sie sich vom Ei bis zur Biene entwickelt hat.

Bienenwerkstatt

Wachstücher

Bienenwachstücher sind eine gute Alternative, um feste Lebensmittel einzupacken. Genial sind sie auch zum Abdecken von Schalen, Schüsseln oder Gläsern. Auch Blechkuchen können für die nächste Gartenparty damit frischgehalten werden. Angeschnittenes Obst trocknet nicht so leicht aus.

Zutaten

Bienenwachs vom Imker (oder Wachsplättchen, die im Handel erhältlich sind)

100 % Baumwollstoff, nicht zu dick

Wer möchte, kann auch noch einige Tropfen Baumharz dazugeben – ist aber nicht unbedingt erforderlich

Der Baumwollstoff muss nicht neu sein. Es können hier auch alte Stoffe genommen werden: Gebrauchte Hemden, Blusen, Tischdecken oder andere Stoffe finden hier immer eine gute Verwendung. Die Stoffe sollten gewaschen sein, damit sich nichts ins Bienenwachs einbügelt

Verarbeitung

Den Stoff auf die Größe zuschneiden, die gewünscht ist. Am besten Sie schneiden gleich mehrere Quadrate oder Ovale in verschiedenen Größen aus. Schneiden Sie die Stoffe gerne mit einer Zick-Zack-Schere aus, damit sie einen schönen Rand haben. Aber auch ein glatter Schnitt wird mit dem Bienenwachs verfestigt.

Sie können verschiedene Dicken an Stoffen ausprobieren, damit Sie dann für sich persönlich entscheiden können, was am besten passt. Zu dick sollten die Stoffe jedoch nicht sein, damit sie sich auch noch gut um die Gefäße wickeln lassen.

Wenn Sie ein Schraubglas verwenden, können Sie das restliche Wachs am Schluss erkalten lassen und verschließen. Verwendung findet es dann wieder beim Reparieren alter Wachstücher.

Nehmen Sie das Bienenwachs vom Imker, schneiden es mit einem scharfen Messer auf einem Holzbrett klein und lassen es im Wasserbad schmelzen.

Legen Sie einen dicken größeren Karton auf einen Tisch und legen Sie ihn mit Backpapier aus. Dann breiten Sie die

Bitte das Wachstuch nicht für rohen Fisch oder rohes Fleisch verwenden. Rohes Fleisch und roher Fisch gehören in Glasbehälter mit Deckel.

Stoffe nebeneinander aus. Bepinseln Sie die Stoffe nicht zu dick mit dem Bienenwachs. Es können gerne noch Wachslücken im Stoff sein. Diese werden dann beim Bügeln ausgeglichen.
Legen Sie jetzt ein Backpapier über einen der Baumwollstoffe und bügeln vorsichtig mit der Baumwollstufe des Bügeleisens über das Backpapier. Der Baumwollstoff ist wie ein Sandwich zwischen den Backpapieren eingeklemmt.
Mit der Wärme wird das Wachs über den kompletten Stoff verteilt. Sollte es zu wenig Wachs gewesen sein, können die fehlenden Lücken nochmals nachgepinselt und nochmals gebügelt werden. Sollte es zu viel Wachs gewesen sein, einfach ein zweites Baumwolltuch unterlegen und nochmals bügeln, dann kann sich das überschüssige Wachs ins zusätzliche Baumwolltuch einsaugen.
So werden alle vorbereiteten Tücher wie ein Sandwich gebügelt. Wenn sie ausgekühlt sind, können sie verwendet werden.
Sie können Lebensmittel damit frisch halten und Brot einwickeln, auch das Brot für die Pause oder für die Wanderung. Sollten Butter oder sonstige Lebensmittel am Wachstuch haften bleiben, kann es gut mit lauwarmem Wasser abgewaschen werden.

Utensilien

Holzbrett; scharfes Messer; Glas zum Schmelzen des Bienenwachses; Topf fürs Wasserbad; Zick-Zack-Schere oder normale Schere; dicker Karton als Unterlage; Backpapier; frischer Kuchenpinsel; Bügeleisen

Sterilisieren von alten gebrauchten Wachstüchern

Wachstücher bekommen mit der Zeit Gebrauchsspuren oder man selbst will sie zwischendurch wieder sterilisieren. Das gibt mir selbst auch immer wieder das Gefühl: Es kann nichts passieren, auch wenn ich sie über Jahre verwende.

Hierzu einfach das alte Wachstuch lauwarm abwaschen und trocknen. Etwas weiches Wachs an den Gebrauchsstellen aufpinseln. Zwischen zwei Backpapieren wieder heiß aufbügeln und das Wachstuch ist für die nächsten Einsätze wieder steril.

Honigverkostung

Die Honigverkostung ist ein wunderbares Spiel, bei dem wir in einer kleinen netten Runde die verschiedenen Honigsorten schmecken, riechen und beschreiben dürfen. Ob Kindergeburtstag, Familienfeiern oder auch im Kindergarten: Jeder hat Spaß und freut sich über die vielen verschiedenen Honige mit ihren unterschiedlichen Geschmacksrichtungen. Viele sind erstaunt, wie unterschiedlich die verschiedenen Honige schmecken können und dass Honig nicht nur süß ist, sondern auch bitter oder malzig schmecken kann.

Utensilien

Verschiedene Honigsorten, z. B. Blüten-, Wald-, Buchweizen-, Akazien-, Kornblumen-, Kastanien-, Heide-, Eukalyptus-, Zitronenblüten- oder Lindenblütenhonig; kleine Gläschen zum Umfüllen der Honige; Papiere; Stifte; Schere und Kleber/Klebestift; Holzstäbchen; Informationsblatt mit Honigbeschreibungen

Vorbereitung

Besorgen Sie sich verschiedene Honigsorten bei Ihrem Imker in der Nähe oder noch zusätzlich im Naturkostladen. Auch online sind besondere Honigsorten bei verschiedenen Imkern erhältlich.

Auf einem Papier bereiten Sie das Informationsblatt vor mit den Beschreibungen der einzelnen Honigsorten und ihren gesundheitlichen Wirkungen.

Schneiden Sie aus einem weißen Blatt Papier kleine Vierecke aus, auf die Sie die Honigsorten schreiben können. Diese kleben Sie dann mit einem Kleber/Klebestift auf die Unterseite der kleinen Gläser.

Füllen Sie die verschiedenen Honigsorten in die jeweiligen Gläser. Die kleinen Gläser mit den verschiedenen Honigen reihen Sie auf einem Tisch auf.

Zum Probieren benötigen Sie kleine Holzstäbchen. Diese stellen Sie in ein kleines Glas und für jede einzelne Probe wird ein neues Holzstäbchen verwendet, damit die Honige für alle nacheinander sauber bleiben.

Für die Verkostung ist für jeden ein Blatt Papier mit Stift vorzubereiten, damit die Eindrücke zum Honig festgehalten werden können. Wenn alle Teilnehmer die Honige durchprobiert haben, kann ein offener Austausch zu den verschiedenen Honigen erfolgen.

Das vorbereitete Informationsblatt kann noch weiterführende Informationen liefern.

Wenn Äpfel aufgeschnitten und die verschiedenen Honige auf die Apfelscheiben gestrichen werden, erlebt man ein schönes Gaumengefühl mit den verschiedenen Honigen, da die Säure des Apfels den Speichelfluss im Mund anregt.

Bienenwachskerzen

Bienenwachskerzen verbrennen rußfrei und füllen den Raum mit einem warmen Bienenhonigduft, der gerade in der kalten Jahreszeit ein wohliges, gemütliches Raumklima schafft.
Lassen Sie Bienenwachskerzen nach der Herstellung noch einige Wochen bis zu einem Jahr „reifen".

Kerzen rollen

Diese Form der Kerzenherstellung begeistert Kinder gleichermaßen wie Erwachsene. Ein Vorteil ist, dass das Bienenwachs nicht erhitzt wird, sodass es bereits für die Kleinsten unter uns gut geeignet ist, weil es nicht zu Verbrennungen durch heißes Bienenwachs kommen kann.

Zutaten

Kerzenmittelwände – evtl. auch farbig (Mittelwände von Ihrem Imker in der Nähe)

Kerzendocht (je nach Dicke der geplanten Kerze gibt es unterschiedliche Dochtdicken zu bestellen oder im Bastelbedarf)

etwas flüssiges Bienenwachs

Utensilien

Größerer Pappkarton als Unterlage zum Schneiden der Mittelwand; Lineal; Teppich- oder Federmesser; Holzbrett zum Rollen

Wenn die Kerze fertig gedreht ist, kann man sie noch verzieren. Dazu sticht man aus einer separaten Bienenwachsplatte mit einem Ausstecher Formen aus, trägt etwas flüssiges Bienenwachs punktuell auf die Kerze auf und klebt die ausgestochene Form auf. Das Bienenwachs lässt sich mit farbigen Wachspigmenten einfärben. Modellieren Sie Ihre eigene Kreation passend für den künftigen Besitzer der Kerze!

Vorgehensweise

Die Mittelwände sollen bei ca. 20–25 °C gelagert werden und auch bei der Verarbeitung sollte es im Raum ähnlich warm sein, damit sich die Wachsplatten gut verarbeiten lassen.

Den Karton auf den Tisch legen als Arbeitsplatte, damit der Tisch geschont ist und man evtl. die Bienenwachsplatten in der gewünschten Form zuschneiden kann.

Nehmen Sie eine Wachsplatte und legen den Docht mit der brennbaren Seite nach oben überstehend am Rand an. Dann rollen Sie die Wachsplatte enganliegend um den Docht herum. Nach den ersten zwei Umdrehungen geht das Rollen auch etwas leichter.

Achten Sie beim Aufrollen darauf, dass die Kerze oben eine ganz kleine Wölbung erhält. Analog dazu wird der Boden etwas nach innen gewölbt. Soll die Kerze etwas dicker werden, kann noch eine weitere Wachsplatte passgenau an die erste Mittelwand angelegt und aufgerollt werden. Am Ende die Kante etwas an die Kerze drücken, damit es einen schönen Abschluss ergibt.

Den Docht noch etwas in flüssiges Bienenwachs tauchen, dann brennt die Kerze besser an.

Teelichter gießen

Wenn Sie Teelichter selbst gießen, haben Sie die Möglichkeit, Reste der Bienenwachskerzen wieder einzuschmelzen und diese mit zu verwenden. Auch Abschnitte von anderen Wachsbasteleien können gut eingearbeitet werden. So entsteht kein Abfall.

Zutaten

Bienenwachs von Ihrem Imker (meistens hat er Blöcke oder kleine Barren)

Dochte für Teelichter oder kleine Gläser (gibt es bereits im Fachhandel in unterschiedlichen Längen zu bestellen oder Ihr Imker hat welche vorrätig)

Teelichtbehälter aus Glas oder Aluminium oder kleine Gläser

Utensilien

Messer, um das Bienenwachs zu schneiden; Holzbrett; Pappkarton als Unterlage; einen kleinen Topf zum Schmelzen des Wachses, evtl. mit Ausgießer

Es gibt auch Silikon-Teelichtformen, dann können Sie Teelichter auf Vorrat erstellen. Nach dem Erkalten die Teelichter aus der Silikonform herausnehmen und in einer separaten Box aufbewahren und gleich wieder die nächsten gießen. Wenn Sie die Teelichter im Winter ins Freie stellen, geht das sehr schnell.

Vorgehensweise

Nehmen Sie den Wachsblock und schneiden Sie ihn mit dem Messer in feine Stücke, damit das Wachs schneller schmelzen kann. Geben Sie die Stücke in den Topf. Es sollte ein Topf sein, den Sie zukünftig nur noch fürs Wachsschmelzen verwenden. Dann lassen Sie das Bienenwachs vorsichtig schmelzen. Zwischenzeitlich stellen Sie die Teelichtbehälter auf und geben in jedes einen vorbereiteten Docht. Sollten Sie auch etwas längere Teelichtdochte haben, können Sie auch kleine Gläser damit bestücken. Füllen Sie das geschmolzene Wachs vorsichtig in die Förmchen, damit der Docht nicht verrutscht und lassen Sie die Kerzen komplett auskühlen.

Sie können auch Teelichtbehälter aus Aluminium immer wieder neu vollgießen, wenn Sie bereits gebrauchte vorrätig haben.

Um größere Kerzen zu gießen, gibt es im Fachhandel bereits vorgefertigte Gießformen, die man immer wieder verwenden kann. Dann können Sie zukünftig mit dem Bienenwachs von Ihrem Imker selbst Ihre eigenen Kerzen gießen.

Kerzen ziehen

Selbst Kerzen im heißen Wachs zu ziehen, erfreut immer wieder Groß und Klein. Es ist meditativ und jeder erhält seine eigene lange Kerze.

Zutaten

Bienenwachs von Ihrem Imker oder im Fachhandel

Längeres Dochtmaterial

Utensilien

Messer; Holzbrett; Pappkarton als Unterlage; Kerzendocht; ein höherer Topf zum Wachsschmelzen; ein kleiner Metallring mit Loch, um den Docht unten zu beschweren; evtl. ein dünner Holzstab

Vorgehensweise

Das Bienenwachs wird in kleine Stücke geschnitten und im Topf verflüssigt. Den Docht etwas länger abschneiden, sodass man unten noch den kleinen Metallring mit Loch anbinden kann und oben am Docht eine kleine Schleife bindet, um sie fest in der Hand zu haben.

Unten dann den Metallring anbinden. Dabei aufpassen, dass der Docht richtig verwendet wird, da er nur von einer Seite angebrannt werden kann. Diese Seite sollte oben sein.

Anschließend die Kerze bis zur gewünschten Länge ins Bienenwachs tauchen und wieder abkühlen lassen. Dann wieder schnell eintauchen und abkühlen lassen. Wenn Sie das Kerzenziehen mit Ihren Kindern oder Freunden durchführen, dann kommt immer einer nach dem anderen dran und zwischendurch hat die Kerze automatisch Zeit abzukühlen.

Es werden so viele Schichten aufgetragen, bis die Kerze die gewünschte Stärke hat. Am Schluss die Kerze noch komplett auskühlen lassen. Dazu kann man die Kerze mit der Schlaufe oben auf den Holzstab auffädeln und zwischen zwei Stühlen komplett erkalten lassen.

Die Kerzen noch unten abschneiden, sodass der Metallring wieder entfernt ist und die Kerze stehen kann oder für einen Kerzenhalter geeignet ist.

Machen Sie das Kerzenziehen doch als Event-Abend mit Freunden oder bei einem Kindergeburtstag. So bekommt jeder Gast ein schönes Geschenk mit. Sobald er die Kerze anzündet, wird er sich zu Hause noch über die schönen gemeinsamen Stunden freuen.

Seifenherstellung bei Kinderparty

Diese Art der Seifenherstellung mit Honig und Propolis lässt sich gut mit kleineren Kindern durchführen, weil keine ätzende Lauge verwendet werden muss und die Kinder mit Spaß lernen können, wie man einfache Pflegeprodukte herstellen kann ohne viel Aufwand und Abfall.

Zutaten

500 g natürliche Olivenseife oder Kernseife

80 g Honig

30 Tropfen Propolis (20 % oder 30 %)

ca. 5 Tropfen ätherisches Öl nach Wunsch (Orange, Minze, Eukalyptus oder ähnliches)

Getrocknete Blüten (Mischung aus der Apotheke oder selbst gesammelte Blüten)

Utensilien

Feine Raspel; größeres Holzbrett; evtl. Messer für die Seife; eine größere Schüssel, um die Masse insgesamt zu kneten; kleine Holzbrettchen oder flache Teller für die Kinder zum Arbeiten; kleine Schale für die Blüten zum Wenden der Seife; Butterbrotpapier zum Einwickeln

Verarbeitung

Die Seife von den Kindern mit einer feinen Raspel in dünne Seifenspäne hobeln lassen. Die Seifenecken noch mit einem Messer selbst oder bei größeren Kindern klein schneiden. Diese Seifenspäne in eine Schüssel geben. Den Honig, Propolis, ätherisches Öl und die getrockneten Blüten dazugeben. Die Kinder können dann die Masse mit sauberen Händen durchkneten. Dann für jedes Kind 50–70 g abnehmen. Jedes Kind kann eine Kugel daraus kneten. Die Kugel dann wieder etwas flach drücken und nochmals in den restlichen getrockneten Blüten wälzen.

Das Seifenstück sollte wieder einige Wochen trocknen, damit sich die Zutaten noch verbinden können. Deshalb den Kindern das Seifenstück in Butterbrotpapier einwickeln, damit es atmen kann.

Vermerken Sie auf dem Papier, mit dem Sie die Seife für das Kind einwickeln, das Datum für in 6-8 Wochen. So kann sich das Gastkind nochmals darauf freuen, wenn es das Geschenk zu Hause verwenden kann.

Lederbalsam mit Bienenwachs (2 Varianten)

Zutaten für Variante 1

60 ml Leinöl

40 g Lanolin (Wollwachs von der Schafwolle – erhältlich in der Apotheke)

15 g Bienenwachs (vom Imker)

3 Tropfen erfrischendes ätherisches Öl

Verarbeitung

Das Bienenwachs in ein Glas geben. Im Wasserbad langsam erwärmen, bis es geschmolzen ist. Das Leinöl und das Wollwachs untermischen und mit einem kleinen Holzlöffel oder Stäbchen so lange umrühren, bis es beginnt, eine cremige Konsistenz zu erreichen. Dann noch das ätherische Öl untermischen und die Creme in ein Schraubglas füllen, solange sie noch warm ist. Im Glas komplett erkalten lassen.

Zutaten für Variante 2

100 ml Rapsöl

20–25 g Bienenwachs

3 Tropfen erfrischendes ätherisches Öl (Zitronenöl oder Kiefernöl)

Verarbeitung

Das Bienenwachs in einem Glas langsam erwärmen, bis es geschmolzen ist. Das Rapsöl untermischen. Aus dem Wasserbad nehmen und mit einem Holzstäbchen so lange umrühren, bis es beginnt, cremig zu werden. Dann das ätherische Öl untermischen. Noch warm in ein kleines Glas füllen und vollständig erkalten lassen.

Sollte die Creme zu fest oder zu flüssig sein, einfach nochmals kurz erwärmen, bis sich Öl oder geschmolzenes Wachs wieder untermischen lässt. Dann nochmals gut durchmischen, bis es wieder beginnt, cremig zu werden. Wachs macht es noch etwas fester und Öl etwas weicher.

Bei der Verwendung von Holzpolituren für Schneidbretter oder sonstige Holzgefäße, die für die Verarbeitung oder Lagerung von Lebensmitteln verwendet werden, sollten Sie das Baumharz oder die Baumöle nicht verwenden. Der Geruch bzw. Geschmack kann sonst evtl. in die Lebensmittel übergehen.

Holzpolitur mit Bienenwachs

Bei der Verwendung von Baumölen und -harzen in Polituren kann man sich den Duft des Waldes noch intensiver in den Wohnraum holen. Wenn sich dieser Duft im Raum verteilt, regt er die Regenerationsphase in unserem Körper an.

Zutaten

100 ml Öl (Kokosöl ist ziemlich neutral, egal ob für dunkles oder helles Holz)

20 g Bienenwachs aus einem Block vom Imker

10 Tropfen Schwarzföhrenöl oder anderes ätherisches Öl

2 g weiches Baumharz falls gewünscht

Utensilien

Topf für das Wasserbad; hitzebeständiges Glas, auch Schraubglas; Schneebesen und ggf. Milchaufschäumer; Messer oder Raspel, wenn Sie einen Wachsblock verwenden

Zubereitung

Das Bienenwachs im Wasserbad langsam schmelzen. Etwas abkühlen lassen und mit dem Kokosöl und ätherischem Öl vermischen. Mit einem Schneebesen oder mit dem Milchaufschäumer homogenisieren und vollständig erkalten lassen.
Je nach gewünschter Konsistenz können Sie die Verhältnisse etwas variieren, dann wird die Holzpolitur etwas weicher oder fester – je nachdem, was Sie behandeln wollen.
Sie können auch Leinöl für dunkleres Holz und Olivenöl für helleres Holz verwenden. Damit unterstützen Sie dann gleichzeitig auch die jeweilige Holztönung.

QUELLENVERZEICHNIS

Heidinger A.: Mit Bienen die Welt retten; SüdOst Verlag in der Battenberg Gietl Verlag GmbH; ISBN 978-3-95587-798-9

Heidinger A., Kuhn C.: Imkern mit der Bienenkugel: Verlag Eugen Ulmer KG Stuttgart (Hohenheim); ISBN 978-3-8186-0931-3

Dr. med. Stangaciu S.: Sanft heilen mit Honig, Propolis und Bienenwachs; TRIAS Verlag in Georg Thieme Verlag KG 4. Auflage; ISBN 978-3-4332-11533-7

Dr. med. Stangaciu S.: Die bestechende Heilkraft der Bienen, Guy Trédaniel éditeur, Paris; ISBN 978-606-92246-0-1

Bort R.: Honig, Pollen, Propolis; Franckh-Kosmos Verlags-GmbH & Co. KG; ISBN 978-3-440-11165-9

Nedoma G.: Das große Buch vom Oxymel. Medizin aus Honig und Essig; Kampenwand Verlag; ISBN 978-3-96443-511-8

Dr. med. Bueß-Kovács H.: Oxymel; Kopp Verlag; ISBN 978-3-86445-954-2

Bruce Fife: Fett heilt. Zucker tötet; Kopp Verlag e. K.; ISBN 978-3-86445-700-5

Ulrike von Aufschnaiter: Deutschlands kranke Kinder; tredition; ISBN 978-3-7482-6237-4

Online

https://www.bienenroute.de/trachtpflanzen

https://www.kraeuter-buch.de/magazin/kraeuter-und-bienenweiden-36.html

https://www.longdom.org/open-access/honey-as-a-sole-treatment-of-type-2-diabetes-mellitus-2161-1017-1000232.pdf

https://www.ncbi.nlm.nih.gov/pmc/articles/PMC5817209/

https://www.ncbi.nlm.nih.gov/pmc/articles/PMC5848643/

https://de.wikipedia.org/wiki/Zucker

https://www.aerzteblatt.de/nachrichten/52894/Adipositas-Warum-Fruktose-weniger-satt-macht-als-Glukose

https://deutscherimkerbund.de/228-Echter_Deutscher_Honig_Inhalt

GERTRAUD HEIDINGER

Als Ernährungsberaterin, Kräuterpädagogin und Imkerin beschäftige ich mich seit vielen Jahren mit essbaren Wildpflanzen, gesunder Ernährung und den vielseitigen, heilsamen Bienenschätzen, die uns die fleißigen Bienen zur Verfügung stellen.

Ich bin in einem kleinen Dorf auf einem Bauernhof aufgewachsen und war dadurch bereits von Kindesbeinen an mit der Natur verbunden. Die Kulturlandschaft, die durch den Einfluss des Menschen entsteht, brachte mich auf den Weg, nach Lösungen zu suchen, die uns wieder zu einer einfachen, gesunden und natürlichen Ernährung führen. Gleichzeitig möchte ich Impulse setzen – sodass wir den Bienen wieder eine Landschaft formen, die ihnen genügend Blüten und Nahrungsquellen über das ganze Jahr hinweg bietet.

Es gibt viele verschiedene Lebensmittel, die einerseits gut für uns und unsere Gesundheit sind – aber gleichzeitig auch Nahrung für Insekten bereitstellen. Deshalb gilt es für mich, diese gesundheitsfördernden, gängigen Lebensmittel mit unseren Wildpflanzen und den Schätzen aus dem Bienenvolk zu kombinieren und interessante Möglichkeiten aufzuzeigen. Für mich ist die Gesundheit der Menschen eng mit der Gesundheit der Bienen verbunden – und das Schöne ist, dass jeder Einzelne an einem guten Miteinander mitwirken kann.

Kontakt:
natur-gefuehl@mal.de
Informationen über
Kurse und Angebote:
www.bienenkugel.de